RICK RANSON

SÜDWÄRTS AUF DEM MISSISSIPPI

RICK RANSON

SÜDWÄRTS AUF DEM MISSISSIPPI

Eine abenteuerliche Kanufahrt

Aus dem Englischen
von Klaus Pemsel

Mit 5 Fotos und einer Karte

MALIK NATIONAL GEOGRAPHIC

Mehr über unsere Autoren und Bücher:
www.malik.de

Bibliografische Information der Deutschen Bibliothek
Die Deutsche Nationalbibliothek verzeichnet diese Publikation in der Deutschen Nationalbibliografie; detaillierte bibliografische Daten sind im Internet über http://dnb.d-nb.de abrufbar.

NATIONAL GEOGRAPHIC ADVENTURE PRESS
Reisen · Menschen · Abenteuer
Die Taschenbuch-Reihe von
Malik und National Geographic

Deutsche Erstausgabe
Mai 2009

Titel der englischen Originalausgabe: »Paddling South«
erschienen bei NeWest Press, Edmonton, Kanada

Redaktion: Susann Urban, Stuttgart
Umschlaggestaltung: Dorkenwald Grafik-Design, München
Umschlagfotos: Joseph Sohm / Visions of America / Corbis (oberes Motiv vorne),
Archiv Rick Ranson (unteres Motiv vorne und Karte),
Horia Popan/fotolia.com (kleines Motiv Rückseite)
Satz: Sieveking GmbH, München
Papier: Naturoffset ECF
Druck und Bindung: CPI – Clausen & Bosse, Leck
Printed in Germany ISBN 978-3-492-40355-9

Das Papier wurde aus chlorfrei gebleichtem Zellstoff hergestellt.

Lake Winnipegosis
Lake Winnipeg
Assiniboine River
SASKATCHEWAN
MANITOBA
Lake Manitoba
ONTARIO
Lake Nipigon
Winnipeg
Letellier
Lake of the Woods
Pembina
Rainy Lake
Pembina River
Red River
Lake Sakakawea
Grand Forks
Mississippi River
Lake Winnibigoshish
Lake Superior
NORTH DAKOTA
Bismarck
Fargo
MINNESOTA
Bois de Sioux
Brainerd
SOUTH DAKOTA
Lake Traverse
WISCONSIN
Minneapolis
Lake Oahe
Big Stone Lake
Prescott
Lake Pepin
Minnesota River
Lake Michigan
IOWA
NEBRASKA
Dubuque
Missouri River
ILLINOIS
Davenport
Platte River
Illinois River
Canton
MISSOURI
INDIANA
Missouri River
Alton
Wabash River
St. Louis
Arkansas River
Sainte Genevieve
KANSAS
Ohio River
Cape Girardeau
KENTUCKY
Cairo
OKLAHOMA
ARKANSAS
TENNESSEE
Red River
Memphis
Arkansas River
MISSISSIPPI
Greenville
TEXAS
LOUISIANA
ALABAMA
Red River
Natchez
Lake Pontchartrain
Baton Rouge
Rio Grande
New Orleans
Golf von Mexiko

I

AUF ZUM MISSISSIPPI

John und ich saßen da und wärmten uns an süßem Tee, uns gegenüber ein Mann wie ein Schrank. Offiziell handelte es sich um den ehrenwerten Reverend Allan Selby, doch für uns Jugendliche war er schlicht »der Rev«. Dieser Schotte hatte ein tiefes, warmes Lachen, war außerordentlich freundlich – und dennoch nicht zu unterschätzen. Wenn wir Jungs uns bei ihm zuhause trafen, wurde es ganz schön laut. Manchmal stand er dann in der Tür und betrachtete uns mit einem zerstreuten Lächeln. Wer ihn näher kennenlernte, bemerkte, dass ihn eine gewisse Melancholie umgab. Immer wieder mal verschwand er kurz. Von oben war Gläserklirren zu hören, dann tauchte er wieder auf, schweigsam, das Gesicht gerötet. Wegen seiner fingerdicken Brillengläser war er im Zweiten Weltkrieg nicht zum Militärdienst eingezogen worden. In den Kriegsjahren hatten die meisten seiner Freunde und alle aus seiner Abschlussklasse ihr Leben verloren.

Der Pfarrer und seine Frau hatten zusammen mehr akademische Grade als der Lehrkörper der Universität Winnipeg aufzuweisen. Sie waren aber nicht nur Büchernarren, sondern auch äußerst lebenstüchtig. Benötigten wir Hilfe, gingen wir zuerst zu ihnen.

Unser Problem tauchte in der zweiten Juliwoche auf, als John Verbindung mit dem Jubiläumskomitee aufnahm. Das Komitee war von der kanadischen Regierung ins Leben gerufen worden, um die Hundertjahrfeier des Anschlusses von Manitoba an Kanada zu betreuen. Eimerweise wurden Steuergelder ausgegeben, um alle Einwohner der Provinz zu ermuntern, sich Jubiläumsprojekte auszudenken, die dann von der Regierung gefördert werden würden. Wir nahmen das Komitee beim Wort.

In erster Linie wollten wir Unterstützung bei der Anschaffung eines geeigneten Bootes, mit dem wir bis nach New Orleans paddeln konnten. Falls das nicht ging, sollte das Komitee für unsere Reise ein wenig die Werbetrommel rühren. Würden sie uns diese Unterstützung ebenfalls verweigern, sah unser Notfallplan vor, wenigstens ein Empfehlungsschreiben zu ergattern, das sich an die verschiedenen Städte und Gemeinden entlang unserer Route richtete.

Nach zweimonatigem Klopfen an hochglanzpolierte Türen hatten wir außer Versprechungen nichts in der Hand. Wir kamen zu dem Schluss, dass die Regierung auf unsere Bekanntschaft nicht scharf war.

Niemand wollte unsere Reise unterstützen. Und auch ein Empfehlungsschreiben würde uns nicht ins Haus flattern. Das Komitee wollte uns loswerden. Zu unserem Glück war es aber nicht in der Lage, die subtilen, verstohlenen und geradezu schmutzigen Winkelzüge zu durchschauen, die ein Pfarrer auf der Pfanne hatte. Was wir vom Rev erhielten, war weitaus wertvoller als ein amtliches Almosen – wir erhielten nämlich eine Lektion im Guerillakrieg gegen die Regierung.

»Rev, wir haben mit diesem Kerl fünf-, sechsmal geredet.«

Seine Augen funkelten durch eine Wolke Pfeifenrauch.

»Das Gespräch hat nicht stattgefunden.«

»Klar doch. Fünfmal mindestens.«

»Das Gespräch hat nicht stattgefunden. Ich wurde schon von Bankangestellten angelogen. Ich wurde schon von anderen Pfarrern angelogen. Ich kenne mich mit Lügen verteufelt gut aus«, gluckste er. »Wenn ihr das Gespräch nicht protokolliert habt, hat es nicht stattgefunden. Wenn du dich mit jemandem getroffen hast, schreibst du ihm anschließend immer einen Brief. Der Clou besteht darin, Namen und Daten festzuhalten. Wer hat was versprochen, und wann wird das Versprechen eingelöst.«

»Gut, okay.«

»Nicht nur okay. Ein Brief ist ein Beweis. Stellt nur sicher«, er fuchtelte mit seiner Pfeife, »dass ihr diejenigen seid, die den Brief schreiben.«

»Okay.«

»Und seid nicht blöd. Behaltet das Original und verschickt die Kopie.«

»Aber Rev, der Kerl war echt begeistert. Er hielt große Stücke auf unsere Reise. Er versprach uns Geld für ein Boot. Er versprach, die Reise zu unterstützen, Briefe zu schreiben ...«

Der Rev schwieg einen Augenblick und schmauchte seine Pfeife.

»Und wisst ihr auch, warum er begeistert war?«

»Warum?«

»Weil er nicht derjenige ist, der die Entscheidungen trifft. Es hat ihn einen Dreck gekümmert, verzeiht meine Wortwahl. Er hat nur versucht, euch auf freundliche Weise loszuwerden.«

»John, ich glaube, wir sind verarscht worden.«

»Wissen Sie, Rev, wir werden den Kerl niemals festnageln können.«

»Ein Talleyrand.«

»Ein was?«

»Ein wer. Talleyrand, Charles-Maurice de Talleyrand. Er war der vollendete Überlebenskünstler. Er saß in fünf französischen Regierungen. Er war Minister unter Louis XVI. und Marie Antoinette, bis sie einen Kopf kürzer gemacht wurden, dann unter Napoleon, Louis Philippe, den Bourbonen ... Napoleon soll gesagt haben: ›Sie sind Scheiße, Sire, Scheiße in Seidenstrümpfen.‹«

»Rev, seien Sie nicht so ordinär.«

Er lächelte.

»Also, ihr macht Folgendes. Geht eure Stadträte um Empfehlungsschreiben an. Nach dem Treffen schickt ihr ihnen allen einen Brief, in dem ihr euch für ihre Bemühungen bedankt und erwähnt, ihr würdet freitags in ihre Büros kommen, um die Schreiben abzuholen.«

»Was ist mit dem Jubiläumskomitee?«

»Dazu kommen wir noch, Jungchen, dazu kommen wir gleich. Mit diesen Schreiben in Händen geht ihr zu eurem Provinzabgeordneten und sprecht mit der netten Dame, die den Laden schmeißt. Zeigt ihr die Schreiben, erzählt ihr von euren Problemen.«

»Nicht dem Abgeordneten?«

»Nein, das braucht ihr nicht. Die Frau schmeißt den Laden.«

Frau Pfarrer sah von ihrem Schreibtisch auf und lächelte.

»Wisst ihr, Jungens, alle Regierungen hassen einander. Ihr müsst es schaffen, dass sie gegenseitig um euer Projekt konkurrieren. Wenn die von der Provinzregierung dieses Schreiben von der Stadt sehen, fangen sie sofort Feuer.«

Der Rev, offensichtlich mit sich zufrieden, hielt inne, um seine Pfeife neu zu stopfen.

»Als Nächstes setzt ihr einen Brief auf, in dem ihr euer Projekt beschreibt, und geht damit zu den Zeitungen. Ihr sprecht mit einem Reporter und sagt ihm, dass das Jubiläumskomitee äußerst schwerfällig ist, sonst nichts. Ihr wollt, dass sie in die Gänge kommen, ihr wollt sie nicht gegen euch aufbringen.«

»Aber Rev, der Kerl hat uns doch nur an der Nase herumgeführt.«

Er hob die Hand.

»Das Gespräch hat nicht stattgefunden.«

»Okay, okay.«

»Auch alle Zeitungen hassen einander. Also sorgt dafür, dass *The Press* weiß, dass euer nächster Anlaufpunkt *The Tribune* ist.«

John und ich schauten uns an. Wir saßen einem Meister zu Füßen.

»Dann lasst ihr einen, vielleicht zwei Tage verstreichen und geht wieder zum Komitee. Inzwischen hat unser Freund Anrufe von zwei Stadträten, einem Abgeordneten und zwei Zeitungen erhalten.«

»Wir werden seine ungeteilte Aufmerksamkeit erhalten.«

»Das werdet ihr nicht. Ihr werdet mit seinem Boss sprechen. Und wenn ihr mit den Zeitungen redet, wählt eure Worte sorgfältig. Diese Leute haben einen guten Riecher. Sie werden euch kreuzigen, wenn sie auf den Gedanken kommen, ihr würdet sie anlügen.«

»Wir werden nicht lügen.«

»Das tut jeder, Jungchen. Früher oder später.«

»Wir nicht.«

»Zweitens, und das ist heute mein letzter Rat«, sagte er bedächtig nickend und warf einen Blick auf seine Frau, »bringt zu Ende, was ihr euch vorgenommen habt. Denn wenn ihr auf halber Strecke schlappmacht, wird sich jeder eurer Unterstützer verraten fühlen. Sie werden es euch nie vergessen lassen, dass ihr alles hingeschmissen habt.«

»Wir werden nicht aufgeben.«

»Du wirst es wollen, Junge, du wirst es aber wollen.«

DER START

Winnipeg Free Press
Dienstag, 16. September 1969

Eine lange Flussfahrt

Der Weg nach New Orleans ist weit. Rick Ranson, 20, und John van Landeghem, 20, beide aus St. James-Assiniboia, rüsten sich für die Reise in diesem Herbst – in einem fünf Meter langen Fiberglaskanu. Sie schätzen, dass sie nach dreimonatiger Paddelei in New Orleans um die Weihnachtszeit ankommen werden. Die jungen Männer wollen am Samstag bei der Fußgängerbrücke im Assiniboine Park aufbrechen, über den Assiniboine zum Red River gelangen, von dort zum Minnesota River und dann weiter den Mississippi hinab. Die Reise, die sich mit dem Auto auf mehr als 1 500 Meilen beläuft, ist per Kanu schon mindestens zweimal zurückgelegt worden, einmal im Jahr 1900 und dann wieder 1967. Sie werden Empfehlungsschreiben von Bürgermeister A. W. Hanks von St. James-Assiniboia, dem Manitoba-Jubiläumskomitee und Premier Ed Schreyer sowie 200 Pfund Gepäck und Nahrungsmittel mit sich führen.

Samstag, 20. September 1969

»Hast du alles?«

»Ich glaub schon. Selbst wenn wir was vergessen haben, Mom, wir sind noch einige Tage lang mit dem Auto erreichbar.«

Die unterschiedlichsten Gefühle überwältigten mich. Mit den beiden Rucksäcken in der Hand sah ich mich noch einmal in meinem Schlafzimmer um. Auf diesen Tag war alles hinausgelaufen, das Planen, Träumen, Reden, das Starren zur Mitternachtsstunde auf meine abgegriffene Rand-McNally-Straßenkarte.

Mit Reisen war ich von Kindesbeinen an vertraut. Im Alter von fünfzehn Jahren hatte ich bereits in zehn verschiedenen Häusern gewohnt. Dad war Offizier der kanadischen Luftwaffe, und so packten wir ungefähr alle zwei Jahre unsere Sachen und zogen um. Alle zwei Jahre verblieben mir einzig meine Geschwister als Freunde. Alle zwei Jahre musste ich meinen Platz in der Hierarchie einer neuen Gruppe finden und an einer neuen Schule anfangen. Durch die ganze Umherzieherei schloss sich meine Familie eng zusammen. Ich lernte zwar rasch, Freundschaften zu schließen, aber die blieben oberflächlich. Und ich halte immer noch den Rekord für einige der miserabelsten Zensuren, die an diversen kanadischen Schulen jemals erteilt wurden. Eines aber habe ich gelernt, und zwar äußerst gut: umherzustreifen. Ich hatte im Untergeschoss einer Kirche in Vancouver das Lager mit einem Kader aufgeweckter Kommunisten geteilt, die mich zu ihrem Glauben bekehren wollten – der Vernichtung des Kapitalismus und dem Aufstellen neuer Kopulationsrekorde. Ich hatte höflich die Annäherungsversuche eines Homosexuellen auf der Woodward Avenue in Detroit abgelehnt und begeistert einem der ersten Love-ins im Griffith Park in Los Angeles beigewohnt. Ich hatte die Straßen von Tijuana in Mexiko durchstreift und war in eine Hochzeitsfeier in Butte, Montana, einbezogen worden. Und das alles, bevor ich achtzehn wurde.

Zur Pflichtlektüre an der Highschool gehörte »Huckleberry Finn«. Es mag abgedroschen klingen, aber Mark Twains Beschreibung des Lebens am Fluss beflügelte meine Phantasie wie kein anderes Buch. Der Mississippi floss durch »Huckleberry Finn« wie ein Faden und verband alle Geschichten miteinander. Es schien einfach – bleib immer auf dem schützenden Strom, wenn du aber Leute treffen und Abenteuer erleben willst, dann brauchst du nur am Ufer anzulegen. Der Assiniboine, der an meinem Elternhaus vorbeifloss, wäre ein Ausgangspunkt, der mich schließlich zum Mississippi führen könnte.

An der Fußgängerbrücke, die über den Assiniboine führte, luden wir die Rucksäcke und die Campingausrüstung aus dem 1965er Ford-Kombi meines Vaters.

»Mensch, schau dir all die Leute an.«

»Ich zähle fünfzig, vielleicht fünfundfünfzig.«

»Sechsundfünfzig.« Ich hatte immer noch den pubertären Ehrgeiz, meinen Vater zu verbessern.

»He, Rance, da ist der Typ vom Jubiläumskom-«

Da fiel mir wieder ein, was Napoleon zu Talleyrand gesagt hatte, und ich johlte: »He, Ed. Wie geht's? Schöne Strümpfe. Seide, oder?«

John und ich grinsten über seine verdutzte Miene.

Es war ein Tag zwischen Sommer und Herbst, der von beiden Jahreszeiten das Beste einfing. Keine Wolke am Himmel, eine leichte Brise und Wärme im Rücken. Kein Ungeziefer, keine Stechmücken –

alles war perfekt. Das Grün der Bäume hatte einen dunklen, spätsommerlichen Ton. Hier und da leuchtete ein Blatt bereits orangefarben. Wir ignorierten die frühen Vorboten des Herbsts.

Nachdem wir das Kanu beladen, unsere Mütter zum Abschied geküsst und der Menge fröhlich gewinkt hatten, machten wir uns an die Abfahrt. Ein Fotograf der Lokalzeitung erschien auf der Bildfläche und knipste, wie wir rückwärts in die Startposition paddelten. Unter dem Jubel der Menge brachen wir auf.

»Sie ist nicht gekommen, um sich von dir zu verabschieden.«

»Nett von dir, mich darauf hinzuweisen. Vielleicht musste sie arbeiten«, log ich. John wies mich auf das Offensichtliche hin, aber es gab mir dennoch einen Stich.

Wir hatten noch gar nichts erreicht, verspürten aber schon ein Triumphgefühl, als hätten wir ein großes Abenteuer beendet und nicht gerade erst begonnen. Als ob man endlich eine Verabredung mit dem hübschesten Mädchen der Schule bekommen hätte. Es war makellos, unverdorben und ein bisschen kess, ganz wie wir es uns vorgestellt hatten. John und ich paddelten an den feinen Vierteln vorbei und empfanden ein perverses Vergnügen, Einblick in die Gärten hinter den Häusern zu erhalten, in das Schmuddelreich der Leute. Hinter einem der vornehmsten Häuser an der vornehmsten Straße in Winnipeg wurden die Gartenabfälle am Flussufer abgeladen, wo sie das Frühjahrshochwasser wegschwemmen würde. Hier und da zogen sich Fußwege, die von der geschäftigen Straße aus nicht zu sehen waren, hinunter zum Fluss. Weggeworfene Flaschen glitzerten im Sonnenlicht. Zwei finstere, stumme Vagabunden nickten bedächtig, als wir vorbeipaddelten. Ich fragte mich, ob die Eigentümer wussten, dass sich Säufer in den Gärten hinter ihren feinen Häusern ein Stelldichein gaben.

Wir paddelten zum Zusammenfluss von Assiniboine und Red River. Auf der Landzunge befand sich ein Baumdschungel, von Pfaden durchkreuzt, die zu den Lagerhäusern der Bahn führten – ein Anziehungspunkt für zechende Obdachlose.

Der nach Norden fließende Red River zerrte am Kanu und machte uns jeden Schlag sauer. Eine Brise kam auf, und wir wurden noch langsamer. Die Wellen glitzerten in der Spätsommersonne. Wir paddelten den ganzen Tag. Am Abend kamen wir an der Tafel vorbei, die das Ortsende von Winnipeg markierte.

»Wir kommen langsamer voran, als ich dachte.«

»Wen kümmert's? Wir sind auf dem Weg nach Süden.«

VON WINNIPEG ZUR GRENZE

Das Transistorradio auf der Persenning, die unser Gepäck bedeckte, starb einen langsamen Tod durch Kälte und Feuchtigkeit (und ständige Benutzung). Doch hin und wieder wurde das Signal stärker, und ein Song ertönte, der ganz zu unserer idyllischen Situation passte. Wir schwammen in einem überwältigenden Gefühl des Abenteuers. Die Herbstfarben an den Ufern des Red River leuchteten, die Sonne wärmte unsere Schultern, und eine sanfte Brise, erfüllt vom Geruch satten Lehms, strich über uns. Es war großartig, am Leben zu sein.

Diese Stimmung hielt etwa zwei Tage an. Am Abend des zweiten Tages, nachdem wir Winnipeg hinter uns gelassen hatten, fing es zu regnen an. Es war kein Wolkenbruch – es war bloß ein quälend langsames, kaltes und anhaltendes Tröpfeln auf die Persenning. Der Regen war nicht so stark, dass wir anhalten und das Lager aufschlagen mussten, aber stark genug, um uns langsam, aber sicher zu durchweichen. Das Brot unten im Rucksack verwandelte sich in einen Klumpen weißen Leims.

Im Kriechtempo fuhren wir durch Manitoba, an einer kleinen Ortschaft nach der anderen vorbei – St. Adolphe, St. Agathe, Aubigny, Morris, St. Jean Baptiste, Letellier. Mit gebeugten Köpfen paddelten wir im Nieselregel den Fluss hinunter. Die kleinen Orte oben am Ufer waren zu weit entfernt und zu sehr mit ihren eigenen Angelegenheiten beschäftigt, um ein vorbeiziehendes Kanu zu bemerken. Wir ignorierten einander.

Die Ufer des Red River bestanden aus Lehm von der Beschaffenheit halb gekauten Kaugummis. Sie waren hoch und steil und boten ein wenig Schutz vor Wind und Regen, waren aber das reinste Gefängnis, wenn wir aus dem Boot aussteigen wollten. Wir paddelten oft eine Stunde und mehr, bis wir einen passenden Lagerplatz fanden, der keine Lehmfestung oder Felsbarriere war.

»He, Rance. Weißt du, ich hab es ausgerechnet. Wir kommen im Durchschnitt auf 13,8 Meilen pro Tag.«

»Klasse.«

»Na ja, das ist nicht schlecht in Anbetracht der Ausrüstung und des ganzen Mists, den wir mit uns herumschleppen.«

»Welches Datum haben wir heute?«

»Den 24. September.«

»Um aus dieser Kälte rauszukommen, müssen wir im Schnitt mehr als fünfzig, sechzig Meilen pro Tag schaffen, John. Dreizehn Meilen pro Tag sind zu wenig.«

»Na wenn schon, morgen sind wir an der Grenze.«

Es regnete die ganze Nacht. Johns Hände waren blasig und entzündet, und er schniefte und hustete den ganzen nächsten Tag. Seine Nase war rot und wund, seine Hände waren rot und wund, und seine Nerven lagen blank.

»Ich glaube, wir sind da, John.«

»Wo?«

»Ich glaube, wir sind an der Grenze.«

»Was macht dich so sicher?«

»Schau mal.«

»Was?«

»Schau auf die Bierdosen. Es sind amerikanische. Zieh das Boot an Land, und dann suchen wir den Grenzübergang Pembina.«

»Das Radio ist tot.«

»War ja klar.«

DU BIST EINE ENTE, JOHN

Das einzige Geräusch war das leichte *Platsch* der ins Wasser tauchenden Paddel, begleitet vom gelegentlichen *Schwapp* des Flusses, den wir hinter uns ließen. Die Winde von gestern waren über Nacht abgeflaut und hatten eine seltsame, ungemütliche Stille hinterlassen. Knorrige Eichen mit reglos und stumm gebeugten Köpfen, satt grünblau im Herbstsonnenlicht, erwarteten ergeben ihr winterliches Schicksal. Immer mal wieder bewegte sich ein trockenes Blatt oben in einem Baum, das Rascheln verstärkte die Geräuschlosigkeit.

Erst eine, dann zwei, dann glitt aus Nordwesten eine ganze Reihe von Wolken wie eine Elefantenherde vorbei. Schatten verschwanden, und der Tag wurde düster. Die Wolken waren langsam, schwerfällig und vollgesogen. Wir würden sie so schnell nicht loswerden; sie hingen tief, dunkel vor Feuchtigkeit.

Wenn Regenwolken sich in Schneewolken verwandeln, ist das zu spüren. Der Wind beißt auf einmal. Die Leute bedecken die Ohren, versuchen sich so ein wenig Wärme zu verschaffen. Sie schniefen, husten und spucken und holen den alten, nach Zedern riechenden Winterparka heraus – den, auf den sie beim letzten Footballspiel der Highschool Bier vergossen haben. Die Atemwolken werden vom Wind davongetragen. Völlig normale Menschen bleiben stehen, grunzen und äußern mit einem Blick in die Wolken Wettervorhersagen, vor denen ein Medizinmann der Sioux Hochachtung hätte.

Der Geruch von Herbstlaub wird schwächer, wenn sich die Nasenlöcher vor Kälte zusammenziehen. Schneewolken sind an den Rändern weißer als Regenwolken.

Wenn es in Dakota schneit, dann schneit es richtig. In Kansas oder Oklahoma ist das anders – Blizzard heute, Tauwetter morgen. Der erste Schnee fällt üblicherweise um Halloween. Heute würde es noch nicht schneien, aber bald.

Es war ein Tag, an dem der Herbst vom Winter kündet. Ein müder Tag, ein wechselhafter Tag, ein idealer Tag zur inneren Einkehr. Unser Kanu trieb direkt vor Grand Forks den Fluss hinab, die Besatzung gedankenversunken, vom ständigen Schlag der Paddel hypnotisiert.

»Weißt du, John, ich hab nachgedacht.«

»Oh, gut.«

»Ich hab nachgedacht, über dich und mich und warum wir auf dieser Reise sind – über unseren Platz im großen Ganzen. Und weißt du, was?«

»Was.«

»Ich glaube, du bist eine Ente.«

»Hä?«

»Du bist eine Ente, John.«

»Dann hab ich doch richtig gehört.«

»Und weißt du, warum du eine Ente bist?«

»Nein, aber du wirst es mir sicher sagen.«

»Weil du äußerlich immer so ruhig wirkst, aber tief drinnen brodelt alles. Da tobt es wie die Hölle. Ich hab noch keinen kennengelernt, bei dem sich unter der Oberfläche so viel abspielt, der sich das aber kaum anmerken lässt. Du bist eine Ente, John.«

»Paddel einfach.«

»Meinst du nicht?«

»Wenn du meinst.«

»Ich weiß, dass ich recht habe.«

Der Red River ist müde, langsam und faul. Mitten in South Dakota scheint er sogar hin und wieder anzuhalten, rieselt gemächlich über einen Biberdamm, so wie eine dösende Katze mit dem Schwanz zuckt. Selbst wenn er das Land überschwemmt, tut er das langsam. In regelmäßigen Abständen setzt er Farmen unter Wasser und zerstört Lebensgrundlagen, und hin und wieder tötet er den einen oder anderen Draufgänger, doch meistens trudelt er nur so dahin. Da der weiche Schlammboden topfeben ist, kann sich der Red River in fast jede Richtung winden. Er schlängelt vor und zurück, ständig auf der Suche nach Widerstand.

»Du hast 'n Knall.«

»Wie bitte?«

»Du hast mich gehört. Ich sagte, du hast 'n Knall.«

»Ich hab 'n Knall?«

»Ja.«

»Bloß weil ich gesagt hab, du bist eine Ente?«

»Ähm ... ja.«

»John, jetzt sind wir eine verdammte Stunde gepaddelt, und du denkst immer noch darüber nach?«

»Ähm ... ja.«

»Also gut, spuck's aus. Warum hab ich 'n Knall?«

»Die meisten Jugendlichen nehmen Ferienjobs an. Du fährst per Anhalter nach Mexiko. Du hast die elfte Klasse verbockt – zweimal –, aber du liest die ganze Zeit. Du bist dauernd mit irgendwas beschäftigt, aber machst nie, was du tun sollst. Du hast 'n Knall.«

»Du meinst, ich bin ein einziger Widerspruch?«

»Ähm ... ja.«

»Das ist alles schon gesagt worden. Stell dich hinten an.«

»Du Rindvieh! Ich habe eine Stunde lang über dich nachgedacht, und du redest mit mir, als wäre ich ein Stück Dreck!«

»So hab ich's nicht gemeint ...«

»Verpiss dich, Rance!«

»Entschuldige.«

»Leck mich am Arsch.«

Wir schwiegen. Eine Stunde später paddelten wir an einer Farm vorbei. Eine amerikanische Fahne hing schlaff am Mast. Es war seltsam, diese Fahne vor einem Wohnhaus zu sehen. Wenn in Kanada das Sternenbanner zu sehen ist, dann vor einem Geschäft, es hängt dort als Einladung und nicht aus patriotischen Gründen.

Die hohe Uferkante war einer sanften Grasböschung gewichen. Ein Lüftchen blies uns ins Gesicht, erlöste uns von der Windstille. Die Rinder der Farm standen wie zu einer Kuhrevue aufgereiht in der Sonne, sahen uns vorbeigleiten und käuten gemächlich wieder.

»Ihr werdet alle sterben!»

»Das sind Milchkühe, Rance.«

»Geile Titten, meine Damen.«

»Genau das meine ich! Du blödelst dauernd herum, aber du bist nie glücklich. Nicht wirklich. Du versteckst dich hinter Blödeleien.«

»Leck mich, John, leck mich einfach am Arsch.«

»Du weißt, dass ich recht habe.«

»Ich will nicht darüber reden.«

»Du hast 'n Knall, Rance.«

»Du bist eine Ente, John.«

DAS GEFÄNGNIS VON FARGO CITY

Die Tür hatte Gewicht und Wucht. Ich sah sie schon Finger guillotinieren, als sie mit einem Knall zufiel, der Boden und Wände erzittern ließ. Die Tür öffnete sich selten.

Die Stäbe waren nie warm. Sie waren trügerisch dünn, hielten aber jedem Ausbruchsversuch stand. Als ich sie umfasste, war meine erste Regung, das Gesicht so weit wie möglich aus der Zelle zu strecken. Wenn ich die Nase durch die Stäbe steckte, konnte ich wenigstens frei *atmen.* Kaltes Gestänge drückte sich an die Seiten meines Kopfes und umrahmte mein Blickfeld. Als ich losließ, bedeckte etwas Klebriges Hände und Gesicht. Pomade von einem früheren Insassen – na wunderbar.

Die Toilette ragte wie ein Edelstahlreifen aus der Wand. Eine Brille hatte sie nicht. Man hatte sie nicht etwa entfernt; die Toilette war bereits so angeliefert worden. Die Schüssel befand sich gegenüber dem Korridor. Die Hose über den Knöcheln, mit gespreizten Beinen, hockte ich den Wärtern und den anderen Insassen gegenüber. Alle konnten meine privateste Verrichtung beobachten, und das taten sie auch.

Die pfannkuchendünne Matratze roch wie eine Mischung aus Ammoniak und einem Verband aus dem Bürgerkrieg. Das Bettgestell wurde hin und wieder gesäubert, die Matratze hingegen ausschließlich beschmutzt. Zuerst konnte ich nur die Bleiche der Laken riechen. Nach einer Weile erwärmte sich das Bettzeug, und andere Gerüche stiegen empor. Als ich aufwachte, haftete der Geruch aller Insassen, die je auf diesem dünnen Leinwandfladen geschlafen hatten, an meiner Haut.

Wände und Decke waren gefliest. So konnte die Zelle leichter mit dem Schlauch sauber gespritzt werden. Zuerst sah ich nur die Fliesen. Bei näherem Hinsehen war die Schrift dazwischen zu erkennen – winzige Botschaften, die aus den blassen Fugen riefen. Vom Boden bis zur obersten Reichweite waren Namen, Daten, Grüße und Flüche in diesen Putz gekratzt. Jenseits der Gitterstäbe waren die Kritzeleien nicht zu erkennen. Lag man aber auf der Koje, war das Leiden aller vorigen Insassen nur Zentimeter entfernt: Dale G. … 14 Monate, Randy H … 8 Monate, Lionel B … ist eine Ratte und das allgegenwärtige »Fuck U«.

Der Wärter kam an der Zelle vorbei.

»Ich muss euch Jungs die Nacht über einsperren. Das ist Vorschrift. Wenn ihr etwas braucht, ruft einfach.«

»Wann geht das Licht aus?«

»Wenn du die Augen schließt.«

Fargo, North Dakota. Das Verwaltungsgebäude befand sich direkt unten am Red River. John und ich wollten auskundschaften, wo wir in der Nähe kampieren konnten, und betraten das Gebäude durch den Hintereingang. Es stellte sich heraus, dass die Polizeiwache von Fargo im Untergeschoss des Verwaltungsgebäudes untergebracht war.

Wir entschieden, den wachhabenden Sergeant nach dem Weg zu fragen, bevor wir den Versuch unternahmen, unser Empfehlungsschreiben dem Bürgermeister auszuhändigen. Er musterte uns von oben bis unten, während wir in der Warteschlange näher rückten. Selbst in einem Eimer voll Angelköder habe ich schon warmherzigere Augen gesehen. Wir waren fünf Tage lang durch den Schlamm des Red River gekrochen und sahen auch so aus. John trug sein Messer am Gürtel. Als wir an der Reihe waren, fielen wir gleich mit der Tür ins Haus, teilten dem Sergeant mit, wer wir waren und was wir vorhatten. Leise bezogen drei sehr große blaue Uniformen neben und hinter uns Posten.

»Wir paddeln den Fluss hoch, und wir ...«

»Welchen?«

»Welchen?«

»Welchen Fluss?«

»Ach so. Den Red River.«

»Wo kommt ihr her?«

»Aus Winnipeg, und wir ...«

»Ihr seid von Winnipeg den Red River hochgepaddelt?«

»Ja, und wir suchen ...«

»He! Ich hab euch im Fernsehen gesehen!«, schrie einer der Bullen. Alle zuckten zusammen.

»Wo ist euer Kanu?«

»Da draußen, und wir wollten ...«

»Am Flussufer?«

»Ja, und wir suchen ...«

»He, das schauen wir uns mal an!«

»... nach einem Schlafplatz.«

Zwei Minuten später waren ein halbes Dutzend Polizisten, zwei schmuddelige Kanadier und etliche andere Schaulustige am Ufer versammelt und besahen sich unser Kanu. Der Verkehr auf der Landstraße, die am Gebäude vorbeiführte, kam ins Stocken, weil die Fahrer die Hälse reckten. Wir wurden mit Fragen bombardiert. Diese Leute waren Profis im Fragenstellen.

»Wie lange habt ihr gebraucht?«

»Von Winnipeg aus drei Wochen.«

»Wo habt ihr geschlafen?«

»In einem Zelt am Ufer.«

»Wo habt ihr gegessen?«

»Wir haben Lebensmittel dabei. John ist ein ganz guter Koch, und ich mache gern Kaffee. Wir kaufen in den Orten ein, an denen wir vorbeikommen.«

»Wo übernachtet ihr, wenn ihr in eine Stadt kommt?«

»Genau aus diesem Grund sind wir zu Ihnen gekommen. Gewöhnlich suchen wir uns ein Hotel in Flussnähe, und dann folgt eine gründliche Reinigungsaktion. Aber uns geht das Geld aus, also suchen wir nach einem Park – oder diese Flussböschung wär nicht schlecht. Dort drüben ist ein Waschsalon.«

»Ihr könnt nicht auf diesem Grundstück bleiben.«

Einen Augenblick später ergriff der Sergeant das Wort.

»Was soll's, übernachtet bei uns. Wir haben Platz.«

Die übrigen Polizisten schlossen sich an.

»Klar doch, wir haben Platz.«

»Wo?«

»In einer Zelle. Na, kommt schon.«

Der Sergeant kräuselte leicht die Stirn.

»Heute ist Montag – bis Donnerstag müsst ihr draußen sein.«

»Warum?«

»Am Donnerstag ist viel los. Stammkundschaft.«

Damit war es entschieden. Die Polizisten schnappten sich die Rucksäcke und das Kanu und trabten damit ins Gefängnis. John und ich sahen uns an. Bevor wir überhaupt das Angebot der Polizeiwache von Fargo City annehmen konnten, wurden wir mitsamt Ausrüstung und Kanu eingebuchtet.

Die Zellentür knallte zu. Ein erstickendes Gefühl, als ob ich unter schwarzes Wasser gezogen würde, schlug seine eisigen Bande um meine Brust. Während ich stoßweise atmete und die Klaustrophobie herunterschluckte, hörte ich die Schritte des Wärters im Flur und sah seinen Schatten in den Funkgeräuschen der Wachstube verschwinden. Dann waren wir in unseren Einzelzellen mit unserer aufgestauten Panik allein.

Wenn wir riefen, würde der Wärter dann zurückkommen? Waren wir vielleicht doch richtig eingebuchtet worden? Handelte es sich um eine grausame Falle?

»Johnny?«

»Ja?«

»Tolles Erholungsheim, was?«

»Ich glaube, ich werde für immer und ewig gut sein, amen.«

»Ja, ich werd so sauber bleiben wie das Höschen eines Engels.«

»John?«

»Ja?«

»Diese Bullen sind eigentlich recht nett.«

»Sie lassen uns hier kostenlos pennen.«

»Ja, aber weißt du, was mich an diesen Kerlen am meisten überrascht? Das sind Schreibtischhengste. Ich hab gedacht, sie würden mehr rumbrüllen. Auf ihre Autorität pochen. Wie im Fernsehen.«

»Du meinst tatsächlich, Bulle sein ist tatsächlich ein Job wie jeder andere? Sieh mal einer an.«

»Leck mich, Johnny.«

»John? Hast du nicht auch das Gefühl, dass diese Bullen dir das Leben zur Hölle machen und trotzdem gesetzestreu bleiben könnten?«

»Wie das?«

»Na ja, wenn es einer auf dich abgesehen hat, könnte er den Boden vor deiner Zelle mit reinem Ammoniak säubern. Dann müsstest du ein oder zwei Stunden lang dein Gesicht in dieses nach Pisse stinkende Kissen stecken.«

»Oder er könnte das Abendessen austeilen, dir beim Essen zusehen und dann dreckig lachen.«

»Wie wär's damit, uns kein Klopapier zu geben?«

»Nö, das Zeug einfach ins Wasser tauchen und dann austeilen.«

»Wie wär's damit, Mozart im Radio laufen zu lassen, wenn einer auf Johnny Cash steht?«

»Oder die Tür der Nachbarzelle mitten in der Nacht zuzuknallen?«

Langsam dösten wir ein.

Schreie. Schreie und Gestöhne und Gebrabbel und Geplärr. Ich wurde in meiner Koje blitzartig wach, als etliche Betrunkene in die Ausnüchterungszelle verfrachtet wurden. Sie waren nur wenige Zentimeter entfernt. Ich hörte sie, ich roch sie – ich konnte sie beinahe spüren. Bloß sehen konnte ich sie nicht. Einer von ihnen krakeelte. Würgegeräusche waren zu vernehmen, und dann hörte ich, wie jemand kotzte.

»Versteck dich nicht hinter diesem blödsinnigen Sheriffabzeichen! Komm hier rein und schau mir ins Gesicht! Komm schon!«

Eine Stunde lang herrschte ein Höllenlärm. Ich bedeckte mir die Ohren mit dem nach Pisse stinkenden Kopfkissen im vergeblichen Versuch, wieder Schlaf zu finden. Das Schreien und Schluchzen ebbte ab, schwoll wieder an. Schließlich kehrte allmählich Ruhe ein. Nur ein Typ blieb nicht still.

»Oh Gott, vergib mir.«

»Schnauze!«

»Oh Gott, vergib mir.«

Viele Stimmen.

»Schnauze, verdammt noch mal! Schnauze! Schnauze! Schnauze!«

»Oh Gott, vergib mir.«

»Halt's Maul und schlaf ein!«

»Oh Gott, vergib mir.«

»Maul halten!«

»Oh Gooott ...«

Patsch! Rumms!

»Aua, uiii!«

Das Geräusch aufgehender Türen und schwerer Stiefeltritte im Flur ließ mich hochfahren. Etliche Schreie und Brüller später verwarnten die Bullen die streitenden Betrunkenen ein letztes Mal. Als sie abzogen, trat Stille ein. Schlaf schien möglich.

»Oh Gott, vergib ihnen.«

Sogar die Bullen lachten.

AUF DEM LANDWEG ZUM MISSISSIPPI

»Du bist so still, Rance.«

»Was erwartest du denn, ich bin gerade aus dem Kittchen raus. Diese Typen in der Ausnüchterungszelle wollten einfach keine Ruhe geben. Ich hab drei Tage lang nicht geschlafen.«

»Ich hatte keine Probleme mit dem Schlafen.«

»Das ist der Unterschied zwischen dir und mir, John. Du wärst ein toller Sträfling. Du kannst überall schlafen. Außerdem ...«

»Außerdem was?«

»Ich finde es nicht besonders klasse, dass wir jetzt mit dem Auto zum Mississippi fahren.«

»Kombi.«

»Auto.«

»Rance, sieh doch ein, uns ist der Fluss ausgegangen!«

»Ja, ja, ich weiß, aber es ist ein Kompromiss. Manchmal ist es ganz schön schwer, im selbst gemachten Bett zu schlafen.«

»Wo hast du das denn her?«

»Was?«

»Das mit dem selbst gemachten Bett?«

»Von Sergeant Schreibtischhengst.«

»Ich wusste doch, dass das nicht auf deinem Mist gewachsen ist. Das machst du häufig.«

»Was?«

»Wenn einer was Ausgefallenes sagt, wiederholst du es.«

»Sei nicht so pingelig. Es ist doch egal, wer was gesagt hat, wir erreichen den Mississippi trotzdem auf die gemütliche Tour.«

»Sei nicht blöd, es gab kein Wasser mehr.«

»Es ist ein Kompromiss, John.«

»Ein kleiner.«

»Na ja, mit einem kleinen Bier im Vereinsheim fängt's an und hört damit auf, dass du alle Mädels vom Volleyballteam vögelst.«

»Du hast die Mädels vom Volleyballteam gevögelt?«

»NEIN! Ich will damit nur sagen, dass du mit einem kleinen Kompromiss anfängst, und dann kommt noch einer und noch einer, bis du schließlich nur noch Kompromisse schließt. Du nennst es bloß einen Kompromiss, aber in Wirklichkeit mogelst du, John.«

»Es war doch nett von den Bullen, uns bis Brainerd mitzunehmen.«

»Sie brauchten die Zellen. Es war Donnerstagabend.«

»Es war trotzdem nett.«

»Es war das Schwimmerinnenteam.«

»Was?«

»Es war das Schwimmerinnenteam.«

»Du hast es mit den Schwimmerinnen getrieben? Echt?«

»Herrje, John, du glaubst einfach alles. Welche Farbe haben die Wolken in deiner Welt?«

»Du hast es wirklich mit den Wörtern, Rance.«

II

OBERLAUF

Wie »Ol' Man River« kam er mir weiß Gott nicht vor. Von unserem Einstiegsort Brainerd bis nach Minneapolis war der Mississippi für mich ein junger Mann – stark, vor Muskeln und Zuversicht strotzend.

An seinem Oberlauf gab sich dieser Fluss voll verschmitzter Kraft. Das Wasser war sauber, schnell und wild, tollte verspielt durch die Hügel. Wenn er sich über Felsen wälzte, warf der Strom uns manchmal hoch in die Luft, dann wieder kam er völlig zur Ruhe.

Zum ersten Mal auf unserer Reise konnten wir den Mississippi wirklich hören. Er schwappte über Felsen, zischte und sprühte Gischt, donnerte über Stromschnellen und Wehre.

Aus der Nähe besehen, hat der nördliche Mississippi die Farbe von Eistee, gewonnen aus den Wurzeln einer Million Föhren. Durch den flüssigen Bernstein schimmerten die Felsen und das sandige Flussbett zu uns herauf. Es wurde uns ganz mulmig zumute, als wir sahen, wie nah die weißen Granitzacken unserem Fiberglasboden kamen.

Und der Geruch. Der war durchdringend und schwer, heftete sich am Morgen wie eine würzige Feuchtigkeit an uns. Manchmal trug er das Aroma der Föhren, die das Ufer säumten, und manchmal war er voll süßem Gräserduft. Hin und wieder brachte eine nahe gelegene Farm ihr besonderes Odeur ein, doch der erdige Geruch blieb stets vordringlich.

Wir schaukelten über den jungen Fluss und kamen an aufgeräumten Ortschaften mit so nüchternen Namen wie Little Falls, Sauk Rapids, Elk River und Coon Rapids vorbei. Pioniere hatten bei ihrem Vorstoß tief in die nördliche Wildnis den Landmarken ihren Namen gegeben.

Im Norden kurz vor Minneapolis paddelten wir an einem Kraftwerk vorbei. Der Fluss wurde plötzlich warm. Es war der Ausstoß des Kraftwerks, bei dem es sich lediglich um aufbereitetes Wasser handelte, doch die Hitze fühlte sich unnatürlich an. Hier wurde der Mississippi in einen fünfzehn Stock hohen Durchlauferhitzer gesaugt, gesiebt, gefiltert, entmineralisiert, zum Kochen gebracht, in zischenden Dampf verwandelt, zu unglaublichem Druck komprimiert, durch Turbinenschaufeln gehämmert, gekühlt und in Flüssigkeit zurückverwandelt. Er war wieder zu Wasser geworden, doch das Wasser war träge, destilliert – aller Lebenskraft beraubt.

Nach gut einer Meile erreichte das lauwarme Wasser wieder seine natürliche, kühlere Temperatur, doch der junge Mann wirkte längst nicht mehr so verspielt.

KANNST DU IRGENDWAS SEHEN?

»Kannst du irgendwas sehen?«

»Wie zum Teufel soll ich was sehen? Ich sitz ja hinten!«

»Was ist das?«

»Wahrscheinlich ein Lastwagen, der warm läuft. Muss noch eine Meile weg sein.«

»Wir müssen irgendwo in der Flussmitte sein.«

»Was ist das?«

»Ein Ast, der im Wasser steckt.«

»Sieht wie eine Schlange aus. Wir müssen ganz gut in Fahrt sein, wenn der Fluss so ein Schlürfgeräusch macht.«

»Klingt eher, als ob was zerreißt. Die Strömung dürfte fünf Meilen die Stunde betragen.«

»Mindestens.«

»Wir schaffen mit den Paddeln ungefähr fünf, also sind wir etwa mit zehn Meilen unterwegs.«

»So schnell, wie ein Mensch laufen kann.«

»Wo zum Teufel kommt dieser Nebel her?«

»Das Wasser ist wärmer als die Luft.«

»Oh Scheiße, das hat uns noch gefehlt.«

»Schnee, saumäßiger, verrotzter, beschissener Schnee.«

»Scheiße.«

»Scheiße.«

An unserer Highschool gab es ein Mädchen mit auffallenden Augen. Sah aus, als wäre sie ständig verblüfft. Ihr Spitzname war »Wildschaden«, weil sie wie ein Reh aussah, das von Autoscheinwerfern erfasst worden ist. Wildschaden hatte so ein riesiges Knäuel zurückgekämmter Haare und trug etliche Lagen Wimperntusche, die das Weiß ihrer Augen zusätzlich betonten. Ganz so, als wollte sie einen zwingen, ihre Augen wahrzunehmen. Ich blickte mich zu John um. Er hatte Wildschaden-Augen. Er sah mich an. Ich hatte sie auch.

»Ich würde vorschlagen, auf das Ufer zuzuhalten, wenn ich wüsste, wo es ist.«

»Bei all dem Mist und den Bäumen, die ins Wasser fallen, sind wir hier draußen sicherer.«

»Wo ist hier?«

»Minnesota.«

»Ja, weiß ich, aber wo?«

»Oberlauf des Mississippi.«

»Du bist echt ein Niagarafall an Informationen, John.«

»Wenn wir kentern, wissen wir nicht mal, in welche Richtung wir schwimmen müssen.«

»Weißt du, wie kalt das Wasser ist? Wir würden zu Eisbrocken gefrieren, bevor wir das Ufer erreichten.«

»Null Sicht hab ich schon erlebt, aber das hier wird mir in Erinnerung bleiben. Wir könnten in eine Kraftwerksanlage, in Stromschnellen oder in einen Wasserfall gezogen werden …«

»John.«

»Was?«

»Halt die Klappe. Du verschreckst die Besatzung.«

»John?«

»Was?«

»Deine Augen sind besser als meine. Bist du sicher, dass du nichts sehen kannst?«

»Alles um mich ist weiß. Weißer Schnee, weißer Nebel, weißer Regen – alles weiß. Das Wasser allerdings ist schwarz.«

Ich verfiel in einen gleichmäßigen Paddelrhythmus. Das Kanu glitt wie ein 53er Cadillac dahin, weich und schwer. Bis auf ein gelegentliches Glucksen war vom Paddelschlag nichts zu hören. Die stetige Bewegung erwärmte Arme und Rücken. Das Kanu bewegte sich in einem langsamen, sinnlichen Rhythmus, stieg hoch, schob sich vorwärts, kam zwischen den Schlägen zur Ruhe, glitt aber immer noch voran. Mit leichtem Zischen durchschnitt die fünf Zentimeter hohe Bugwelle den Fluss. Das Wasser war knapp über dem Gefrierpunkt, aber meine um das Paddel gelegten Handflächen waren warm. In der kühlen Luft stieg durch unsere Anstrengungen Dampf empor, der sich erst allmählich wie ein immer leiser gesprochener Satz verlor. Die Stille und der Paddelrhythmus versetzten meinen Geist in einen Zustand heiterer Leere. Als die Stunden verstrichen, wurde ich vom Schwanken des Kanus und dem Rauschen des Wassers eingelullt. Schlag um Schlag um Schlag.

»Pass auf!«

»Links! Links!«

»Mach schon!»

»Wir müssen in Ufernähe sein.«

»Verdammte Scheiße! Ich bin von dem Anlegesteg beinahe geköpft worden. Lass uns einen anderen suchen und dort das Schneetreiben aussitzen.»

»Mein Schlafsack ist durchnässt. Ich kann nicht im Freien übernachten. Ich brauche ’ne Stadt mit ’nem Waschsalon. Machen wir weiter.«

»Okay, aber ich hoffe, dir ist eines klar – ich bin derjenige, der als Erster in der Ansaugöffnung des Kraftwerks verschwinden wird.«

»Ja, ja. Soll ich dich Jammerlappen mal auswringen, Rance?«

»John?«

»Was?«

»Ich hab dich noch nie gemocht.«

»John?«

»Nein, ich seh gar nichts.«

»John?«

»Was!«

»Hörst du das?«

»Nein. Aber vor einer Weile hab ich Stimmen gehört. Ziemlich weit oben. In der Gegend muss ein Steilufer sein.«

»Ich hör aber was – so was wie ’n Hubschrauber, bevor er wirklich zu hören ist. Ich spür es eher.«

»Es ist ein Motor.«

»Großer Motor.«

»Verkehr.«

»Zug.«

»Ja, es ist ein Zug.«

Die Strömung wurde stärker. Etwas ragte aus dem Fluss heraus, durchbrach die Wasseroberfläche. Wir hörten mit dem Paddeln auf und sahen das Etwas vorbeischießen. Es verschwand in Nebel und Schnee. Ich hielt mein Paddel waagrecht, auslegermäßig, damit ich nicht die Kontrolle verlor. Von John kam auch keine Bewegung, also wusste ich, dass er es genauso machte. Wasser sprudelte auf und ließ das Kanu im Zickzack über den Fluss kurven.

»Ich kann überhaupt nichts sehen.«

»Aber der Fluss ist auf alle Fälle zu spüren.«

Unser Paddeln wurde langsamer, vorsichtiger. Der Fluss hatte sich verändert. Wenn ich das Paddel eintauchte, gab es keinen Widerstand. Einmal zog ich es aus dem Wasser und betrachtete es, weil ich sicher war, dass sich irgendetwas daran geklammert hatte. Mit verbundenen Augen ritten wir auf dem Drachen.

»Das ist aber ein saumäßig langer Zug.«

»Wirklich lang.«

»Der müsste eigentlich schon lang vorbei sein.«

»Er muss ganz nah sein, die Luft vibriert.«

»Endlich. Schau mal, da ist die Brücke.«

Aus dem Nebel und Schnee der spätnachmittäglichen Düsternis schälten sich die schwarzen Umrisse von Pfeilern. Die Wogen glätteten sich. Seltsamerweise war der Nebel hinter der Brücke dichter. Jenseits der Pfeiler war alles weiß. Selbst das Schwarz des Flusses war verschwunden.

»Das ist eine Staustufe! Es ist eine Staustufe! Das ist keine Brücke! Zurück! Zurück! Das ist ein Überlauf!«

»Gott, vergib uns!«

»Beeilung! Drehen wir um! Wir müssen zurück!«

»Komm schon ... komm schon ... komm schon ... Schneller! Schneller!«

»Dort rüber! Steuer da rüber! Mach schon!«

»Schneller! Schneller!«

Wir hielten etliche Minuten durch, aber die Strömung zog uns in das donnernde Unsichtbare. Wir paddelten. Mein Gott, wie wir paddelten. Wir kamen gegen die Strömung einfach nicht an. Sie war schneller, als wir paddeln konnten. Wir paddelten um unser Leben. Das Donnern des Wassers tobte in unseren Ohren. Wir schaufelten und kämpften. Schmerzlich langsam und mit starker Schlagseite entfernten wir uns aus der Gefahrenzone. Wie ein Python, der seine

Beute freigibt, spuckte uns der Fluss widerwillig an der Seite des Überlaufs aus.

Wir folgten der Dammböschung und steuerten das Boot zu einer Picknickwiese. Lange Minuten saßen wir zusammengesunken im Kanu, unser stoßweises Atmen die einzige Regung. Ich starrte auf meine zitternden Hände, auf denen Schneeflocken eine nach der anderen schmolzen.

MINNEAPOLIS

Beinahe einen Monat nach unserer Abfahrt in Winnipeg trafen wir in Minneapolis ein. Manchmal, wenn wir bis zu den Knien im Schlamm von North Dakota und im Schnee des oberen Mississippi-Laufs einsanken, schien es so, als ob wir nicht nach Süden paddelten, sondern buddelten. Das musste anders werden, besser.

Von einem Wintersturm unterstützt, paddelten wir zum Elektrizitätswerk der Northern States Power Company in der Innenstadt von Minneapolis; unser beschädigtes Kanu lief langsam mit Wasser voll. Ich sah, wie ein Baumstamm über die St.-Anthony-Fälle getrieben wurde. Er geriet in das wirbelnde Wasser am Fuß der Fälle. Manchmal kam er fast frei, wurde aber immer wieder eingesogen und nahm erneut seinen trägen Wasserwalzer auf.

Unsere ganze Ausrüstung war durchnässt und musste für ein paar Tage zum Trocknen ausgelegt werden. Das Kanu mussten wir an einem warmen, trockenen Ort reparieren und abdichten. Die Leute von der Northern States Power Company ließen uns das netterweise in ihrem Maschinenraum erledigen. Im Lauf unserer Reise trafen wir auf viele Menschen, die uns Hilfe anboten oder Ratschläge gaben. In Minneapolis schienen alle ganz besonders hilfsbereit zu sein.

Wir wollten zum Austrocknen in der Jugendherberge bleiben. Endlich mal Zeit ohne das Kanu verbringen. Vor allem aber war es nötig, dass wir in getrennten Zimmern schliefen. Wir hatten zwei Tage, um die Post und das eventuell von unseren Eltern geschickte Geld abzuholen. Wir wollten das Corps of Engineers* aufsuchen, vielleicht konnte uns jemand informieren, wie der nächste Streckenabschnitt beschaffen war, und wir mussten uns detaillierte Karten des Mississippi besorgen. Bislang hatten wir den guten alten Rand McNally verwendet und waren dem kleinen, blauen Geschlängel darin gefolgt. Wir mussten Lebensmittel einkaufen, die Kleidung und die Ausrüstung trocknen und in der verbleibenden Zeit Dankesbriefe an alle Menschen schreiben, die uns bisher geholfen hatten.

Wir verabredeten uns mit dem Geschäftsfreund eines Freundes, der uns zum Abendessen in ein teures Restaurant einlud. Als John und ich eintrafen, waren wir die einzigen Menschen in dem mit rotem Samt ausgekleideten Raum, die keine dunklen Geschäftsanzüge trugen. Der Oberkellner lächelte in unsere Richtung und verriet damit, dass unser Gastgeber ihn von der bevorstehenden Ankunft zweier schmuddeliger Herumtreiber in Kenntnis gesetzt haben musste. John und ich lächelten uns an, unsere ausgeblichenen Jeansjacken spiegelten sich in blitzendem Kristall und blinkendem Silber.

»Das ist ’n bisschen besser als unser Mittagessen im Zelt, was?«

»Wie, schmeckt dir meine Kochkunst nicht?«

»Nein, John, du kochst großartig. Aber ich finde, dass diesem Steak etwas fehlt. Ach ja, es stinkt nicht nach Propan.«

* Das United States Army Corps of Engineers bietet Leistungen im Bereich des Bauingenieurwesens an, so errichtete es z. B. für den Mississippi ein Hochwasserschutzsystem. (Anmerkung d. Übersetzers)

Unser Gastgeber lächelte. Er war mindestens fünfzig – ein ziemlich alter Knochen. Sein Anzug war dunkel, einfach und abgetragen. Die Ellbogen und der Hosenboden glänzten.

Er erkundigte sich interessiert nach unserer Reise, unserem Leben und unserem Land. Aber ich bemerkte, dass er unruhig auf seinem Platz hin und her rutschte und das Essen auf seinem Teller herumschob. Entweder machten wir ihn verlegen, oder etwas bereitete ihm Sorgen. Wir mussten nicht lange warten, bis wir es herausfanden.

»Ich habe einen Freund. Eine nette Familie, Kirchgänger. Der Sohn hat den Einberufungsbefehl erhalten und ist gestern, ohne jemandem ein Sterbenswörtchen zu sagen, einfach abgedampft. Hat sich nach England abgesetzt. Seine Mutter ist ziemlich aus dem Häuschen, doch sein Vater, mein Freund ... es ist ... es ist so, als wäre der Junge gestorben.«

Unser Gastgeber blickte uns an, während er mit beiden Händen den Griff seiner Gabel umklammerte. Das letzte Wort hing wie ein Seufzer in der Luft.

»Ich weiß, es gibt Wehrdienstverweigerer, die sich nach Kanada abgesetzt haben», sagte ich, »aber sie treten nicht weiter in Erscheinung.«

»Ja, genau«, fiel John ein. »Die gehen alle nach British Columbia oder Toronto.«

»Sie tauchen meist unter. Ist nichts, was man an die große Glocke hängt.«

»Die Eltern sind einfach ... am Boden zerstört.«

»Wie lange müsste er beim Militär dienen?«

»Zwei, drei Jahre.«

»Solche Geschichten bleiben den Leuten in Erinnerung.« Ich sah John an. »Kennst du Grand Beach bei Pine Falls?«

»Klar«, sagte John.

»Also, im Ersten Weltkrieg verschwand ein Großonkel von mir in die Wälder und ging vier oder fünf Jahre mit den Indianern dort oben Fallen stellen.«

»Und?«

»Na ja, er ist vor ein paar Jahren gestorben. Und beinahe bis zu seinem Todestag ist ihm das vorgehalten worden. Die Leute vergessen so was nicht.«

Von unserem Gastgeber kam ein hörbares Ausatmen. Er starrte auf das zermanschte und unverzehrte Abendessen.

»Das ist eine Entscheidung von großer Tragweite.«

Wir aßen eine Zeit lang stumm weiter, doch nach einer Weile steuerten John und ich das Gespräch auf unsere Reise, in sicherere Gewässer. Der alte Mann wurde munterer und fragte, warum wir hier herumhingen – war es, um uns auszuruhen?«

»Nein, wir erwarten Post von daheim, in der etwas Geld sein sollte.«

Er griff in seine Tasche und gab uns genug Geld für eine Woche. Er lachte, als ich ihn fragte, ob er uns mit dieser Spende helfen oder nur aus der Stadt haben wollte.

Nach dem Abendessen fuhr er uns zurück zu unseren Zimmern in der Jugendherberge. Ich blickte aus dem Fenster seiner Luxuskarosse. Die St.-Anthony-Fälle hatten den Baumstamm immer noch im Würgegriff.

Am nächsten Vormittag luden uns Freunde von Johns Eltern ein, und wir konnten bei ihnen unsere Kleidung waschen. Während wir warteten und die Mutter uns ein Mittagessen zubereitete, durften wir unsere Eltern in Kanada anrufen. Es handelte sich um eine ganz normale Familie – Vater, Mutter, eine vorpubertäre Tochter und ein Sohn auf der Highschool. Auch hier kam die Rede immer wieder auf Vietnam. Vietnam war wie der Abwind von einer Schweinefarm. Welche Maßnahmen auch ergriffen wurden, der üble Geruch war jeden Tag da. Manchmal drehte sich der Wind, und man wurde von Frischluft umfächelt, aber früher oder später kehrte der Gestank von Schweinekot zurück. Sobald das Thema Krieg aufkam oder sie ihren Sohn anblickte, der ein knappes Jahr bis zur Wehrerfassung hatte, verschränkte die Mutter die Arme vor der Brust und spielte mit einer imaginären Perlenkette.

Gegen Ende des Tages, als wir in einem Restaurant beim Kaffee saßen und über unsere Besorgungen sprachen, kam ein junges Paar herein und blieb unaufgefordert an unserem Tisch stehen. Der Junge war dürr und nicht der Rede wert, doch das Mädchen hatte eine derart frische Ausstrahlung, dass die Gespräche bei ihrem Anblick verstummt waren. In ihren Augen lag das Leuchten einer frisch Konvertierten.

»Kommt ihr Jungs zur Demo?«, fragte sie uns.

»Demo?«

»Ja, der Marsch gegen den Vietnamkrieg. Wir marschieren gegen das *Establishment.*« Sie spuckte das Wort aus. »Ihr müsst doch die Poster gesehen haben.« Ihre Augen weiteten sich ungläubig.

»Nein, wir waren den ganzen letzten Monat zelten. Und unser Radio ist verreckt.«

»Also, da kommen Tausende von Menschen, die alle gegen den Krieg demonstrieren. Hier ist ein Poster. Das wird eine Riesensache.«

»Das klingt vielversprechend.«

Sie warf uns einen stechenden Blick zu, als hätten wir etwas Unangebrachtes gesagt.

John und ich sahen zu, wie sie sich mit wippendem Körper entfernte. Unvermittelt hüpfte sie ein paar Schritte und winkte einigen anderen jungen Frauen zu, die das Restaurant betraten. Unsere Blicke folgten ihr, als sie zu den Neuankömmlingen ging. Sie schnatterten los wie Gänse. Der Junge blieb bei uns stehen und sah zu ihnen hinüber. Ehe er sich ebenfalls entfernte, beugte er sich vor und widmete uns ein verschwörerisches Nicken.

»Ihr müsst kommen, denn es gibt nichts Geileres als ein Mädchen auf einer Demonstration. Bei der letzten Demo bin ich dreimal zum Schuss gekommen.«

Alle drei wandten wir uns um und blickten auf das verheißungsvoll strahlende Gesicht am anderen Ende des Restaurants. Dann ging der Junge hinüber und legte ihr den Arm um die Taille, seine Hand ruhte auf ihrer Hüfte.

John und mir blieb nur übrig, in den Kaffeesatz zu starren.

»Weißt du, gegen was wir da demonstrieren würden, hm?«

»Den Krieg.«

»Ja, auch, aber vor allem ginge es gegen all diese Leute, die uns Geld zugesteckt, uns ein Essen spendiert und uns in ihre Wohnungen eingeladen haben. Das ist das Establishment.«

»Weißt du, John, diese Sache stellt dieses Volk vor eine Zerreißprobe. Wir sehen im Fernsehen bloß die Bomben hochgehen. Wir sehen nicht den Geschäftsmann, der seine Tränen unterdrückt, oder wie eine Mutter voller Sorge die Arme um sich schlingt.«

»Der einzige Kerl, der das für einen Spaß hält, ist der Wichser dort drüben, der mit seinem Schwanz in der Hand rumläuft.«

John und ich blickten auf das junge Paar. Das Mädchen bemerkte unseren Blick und kam wieder her, ihre Haltung entschlossener denn je, ihr frisches Gesicht war angespannt.

»Kommt ihr?«

»Tut uns leid, wir können nicht.«

Ihr klappte die Kinnlade runter, doch bevor sie eine Beleidigung hervorschleudern konnte, ergriff ich das Wort.

»Wir sind Kanadier. Und wenn die Bullen uns je auf einer Demonstration aufgreifen würden, wäre noch unser kleinstes Problem, dass wir nie wieder in die Staaten rein dürften.«

»Oh.« Sie schien kleiner zu werden. Dann rutschte sie auf den Platz neben mir. Ich spürte, wie sie sich an mich lehnte.

»Was hält Kanada von diesem Krieg?«

John und ich guckten in die Luft und wünschten, die Frage würde sich einfach in Wohlgefallen auflösen. Nach einer langen Pause sagte ich: »Ich kann nicht für ganz Kanada sprechen, aber die meisten Schüler an meiner Schule denken, na ja ... das ist euer Krieg.«

»Ja, wir sind eure Freunde, wir helfen euch gern in den Mantel, aber das ist ein Problem, das die USA selber lösen müssen.«

»Deshalb müssen wir unbedingt zu dieser Demo.« Sie wedelte mit dem Poster. »Unbedingt.«

Als wir das Elektrizitätswerk früh am nächsten Morgen verließen, paddelten wir stromaufwärts, um die St.-Anthony-Fälle weiträumig zu umfahren. Der Baumstamm wippte und wirbelte immer noch, fest im Griff des herabstürzenden Wassers. Ich stellte mir vor, wie ich stromaufwärts in die Fälle paddelte, nur um jenen Stamm mit meinem Paddel dort herauszuholen. Aber mir wurde klar, dass er sich zu gegebener Zeit selbst befreien würde.

Gleich hinter Minneapolis ist der Fluss gerade, schnell und sauber. Hohe weiße Klippen, die in der Nachmittagssonne leuchten, beherrschen das Ostufer. So hatten wir uns die Reise vorgestellt. Der Himmel war kobaltblau, die Luft herrlich frisch. Das Laub an den Uferbäumen raschelte im Wind, den wir im Rücken hatten. Paddeln war die reine Freude. Es gab nur uns und den Fluss.

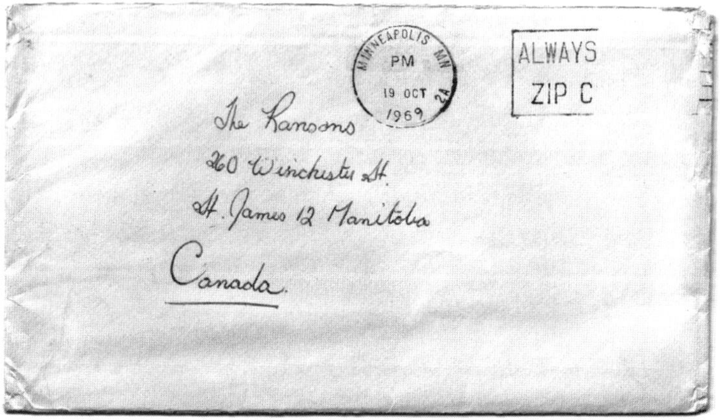

LAKE PEPIN

Lake Pepin ist eine Stelle, an der sich der Mississippi so weit verlangsamt und genügend verbreitert, um einen See zu bilden. Auf der Karte sieht dieser See wie eine fette Banane aus. Auf der Minnesota-Seite erheben sich vom Ufer sanfte Hügel, die am Horizont verschwinden. Die Wisconsin-Seite wartet mit zwei Besonderheiten auf: Long Point und Point No Point. Point No Point – das sagt schon alles. Egal, aus welcher Richtung du kommst, glaubst du, dich einer Landspitze zu nähern. Kommst du aber näher, erkennst du, dass sich um einen endlosen Sandstrand handelt – so etwas wie eine optische Täuschung.

Wir paddelten in der Mitte des Flussbettes und erreichten mit leicht bangem Gefühl Lake Pepin. Der abrupte Wechsel überraschte uns. Eben noch bummelten wir durch einen Flussarm, dann plötzlich waren wir weit draußen mitten auf einem See. Unser Paddeln wurde bald entspannter, das Wasser war glatt wie ein Mühlteich. Das würde ein Kinderspiel werden.

Es ist nicht so, dass wir keine Wahl hatten – wir trafen nur die falsche. John wollte auf der schnellsten Route stracks durch den See. Ich hielt es für das Beste, nah am Ufer zu bleiben. Da wir eine Kursänderung nicht für nötig hielten, blieben wir weiterhin in der Mitte. Der Wind, der fast nicht zu spüren war, kräuselte uns kaum ein Haar. Als wir weiter auf den See hinausgelangten, wurde der Wind langsam stärker. Es war ein heller, sonniger Tag, und die sanften Schläge schoben uns immer weiter auf diese weite, braune Fläche hinaus.

Eine sich überschlagende Welle weckte mich aus meiner mechanischen Paddelei. Meiner Tagträumerei entrissen, bemerkte ich kleine Wellen, die uns sanft umglucksten. Mein Magen zog sich zusammen. Wenn es bereits hier Wellen gab, wie hoch würden sie dann erst in der Mitte des Sees sein?

Ich blickte hinter uns und starrte in die Wellen. John nahm meine Gedanken augenblicklich auf. Er blickte sich schweigend um. Wir suchten die Wisconsin- und die Minnesota-Seite ab – beide waren viel zu weit weg. Wir entschieden uns für Wisconsin.

Der Wind pfiff mir auf einmal durchs Haar. Als John mit einer Welle um die Gewalt über das Boot kämpfte, spürte ich, wie sich das hintere Ende des Kanus anhob. Mich hob es hoch, als die Welle unter uns hindurchglitt. Das Kanu stürzte auf der Rückseite des braunen Brechers hinab. Wir suchten nicht mehr sehnsüchtig nach dem Ufer – wir schalteten den Überlebensmodus ein. Je kräftiger wir paddelten, desto länger würden wir den Wellentrögen standhalten. Wasser schlug mit jeder vorüberziehenden Welle über die Kanuränder. Wir glitten durch die Wellenfront und paddelten wie verrückt.

Auf dem Scheitel einer weiteren Welle wurden wir an den Sandstrand gespült und waren endlich sicher in Point No Point angekommen. Ich sprang heraus, planschte durchs Wasser und bemühte mich hektisch, John und das Kanu auf den Sand zu ziehen.

John sprang ebenfalls heraus, und gemeinsam schoben wir Boot und Ausrüstung ein gutes Stück über die Hochwassermarke der Wellen.

Ich konnte vor Kälte und Schreck kaum gehen. Wir entzündeten ein knisterndes Feuer, um uns aufzuwärmen und den Schrecken zu verjagen. Wir kauerten uns dicht vor die Flammen und tauten langsam auf. Mittagessen wurde zubereitet und Kaffee getrunken. Wir standen da und starrten über den See nach Minnesota. Ich blickte auf John, der dem Feuer den Rücken zukehrte und dessen feuchte Kleidung dampfte.

»John, ich hab daran gedacht – «

»Willst du aufhören?«

»Nein. Nein, ich hab gerade an Mark Twain gedacht.«

John starrte mich an, als hätte ich ein Rad ab.

»Hä?«

»Mark Twain war Dampfschifflotse. Er blickte vom dritten Deck seines Dampfers auf diesen Fluss hinab. Er befand sich zehn Meter über dem Wasser.«

»Und?«

»Er saß in einem netten warmen Lotsenhaus. Kein Wunder, dass er diesen Fluss liebte. Er saß nicht mittendrin!«

John betrachtete mich mit hochgezogenen Brauen.

»Wir sind von Huckleberry Finn verarscht worden!«

John schüttelte den Kopf und drehte sich dem Feuer zu.

Der Wind legte sich, und auf dem weißen Sand war es beinahe heiß. Das Feuer erlosch langsam. Wir saßen den größten Teil des Vormittags am Strand und sahen zu, wie die Brecher allmählich kleiner wurden.

»Mein Kreislauf funktioniert wieder.« John deutete an, dass er zur Weiterfahrt bereit war.

Point No Point lag am Innenbogen von Lake Pepin, etwa in Höhe der Seemitte. Wir mussten den Augenblick nutzen und so schnell wie möglich auf das Ende des Sees zuhalten. Wenn der Wind wieder zunehmen würde, wäre es diesmal viel schlimmer, weil Wind und Wellen einen Anlauf von gut zehn Meilen hatten.

Wir beluden das Kanu wieder, zurrten die Plane fest und stießen uns in südlicher Richtung vom Sandstrand ab. Die Küste drüben in Minnesota lag schätzungsweise vier Meilen entfernt. Mit leichtem Rückenwind wäre das eine einfache Paddelübung. Wir waren fünfzehn Minuten auf dem See, als ich zu John zurückblickte. Er sah verängstigt aus. Über seiner Schulter stürmte von den Hügeln Minnesotas das dunkle Grauen heran, die schlimmste Gewitterwolke, die wir seit Wochen gesehen hatten. Sie bedeckte den Himmel wie eine riesige böse Qualle, deren Tentakel über die Landschaft schleiften. Ich stellte rasch einige Berechnungen an. Die Wolkenwand war zehn Meilen entfernt und wälzte sich mit gut zwanzig Meilen pro Stunde auf uns zu. Wir waren mehr als drei Meilen vom Ufer entfernt und hatten fünf Meilen pro Stunde drauf. Wir würden immer noch auf dem Wasser sein, wenn sie uns erreichte. Wir saßen in der Patsche.

Während das Ungeheuer auf uns hinabgrollte, paddelten wir so schnell, wie es unsere Muskeln zuließen. Die Wellen wurden immer höher, je weiter draußen und je mehr dem Wind ausgesetzt wir waren. Diesmal scherten wir uns nicht um das hereinschwappende Wasser. Der immer dunkler werdende Himmel teilte uns den baldigen Sieg der Gewitterfront mit. Wir waren seit über einem Monat im Kanu, hatten alle möglichen Wasserverhältnisse erlebt, aber nichts auch nur annähernd Vergleichbares. Wir waren ein Korken in einer Waschmaschine. Aus war es mit den beständigen, in gleichmäßigen Abständen heranbrandenden Brechern. Die vom fernen Strand zurückwogenden Wellen prallten auf die Wellen, die von der Gewitterfront angetrieben wurden, und wir steckten mittendrin.

Eine Welle schwappte ins Kanu. Wir wurden langsamer und begannen zu schlingern. Uns ins Zeug zu legen und mit raschen

Schaufelbewegungen voranzukommen war die einzige Rettung. Der Wind verwehte Johns Stimme. Ich konnte nur ein Wort verstehen: »Regen!«

Ich gönnte mir einen Blick und bedauerte das sofort. Weniger als zweihundert Meter hinter uns brach ein grauer Wasserfall aus den Wolken. Der Regen traf uns mit solcher Wucht, dass ich beinahe zu Boden gedrückt wurde und das Paddel auf den Kamm einer Welle klatschte. Der strömende Wasserguss machte das Kanu augenblicklich langsamer. Ich wollte nicht lenzen, ich wollte weiterpaddeln. Vielleicht würde das rasch steigende Wasser von selbst verschwinden, wenn ich es ignorierte. Ich zerrte so heftig am Paddel, dass ich schon erwartete, es würde auseinanderbrechen.

Ein Felsen flog unter dem Kanu vorbei. Da war noch einer, dann wieder einer. Ich blickte auf. Wir hielten genau auf einen felsigen Strand zu. Es ging nicht um Feinheiten, wir hielten nicht nach versunkenen Baumstämmen Ausschau, wir droschen uns einfach einen Weg über die Felsen. Als das Kanu auf den Grund schrammte, sprang ich in das Oktoberwasser und packte den Bug. Direkt neben zerrte mir auch John am Kanu, wir zogen es ein gutes Stück die Felsen hinauf. Angst, Erleichterung und die nachlassende Anspannung brachten uns dazu, zu schreien, zu brüllen, zu lachen und uns gegenseitig auf die Schulter zu hauen. Dann standen wir einfach da und sahen zu, wie der Regen Lake Pepin bedeckte.

DAS NÄCHTLICHE BOOT

Es war zwar kalt am Morgen, aber im Vergleich zu North Dakota fühlte es sich an wie eine Hitzewelle. Wir wachten bei acht Grad Celsius auf, und bis zum Nachmittag stieg die Temperatur auf zwölf Grad. Auf dem Weg nach Dubuque kamen wir an der hübschen

Landschaft um Prescott und Diamond Head vorbei. Es war ein wunderbarer Tag zum Paddeln – ein flotter Rückenwind, eine tiefe, schmale Fahrrinne, kühler, klarer blauer Himmel und jede Menge Gegend.

Wir zelteten in einem Naturpark weitab von jeder Zivilisation. Die Eichen bildeten einen Keil, der an ein offenes Sand-Amphitheater grenzte. Das Kanu wurde in den Orchestergraben gezogen. Die Hauptbühne mit ihren ständig wechselnden und umschlagenden Stimmungen bildete der Mississippi. Die Temperatur lag unter null, und unsere Atemfahnen hingen noch lange nach dem Ausatmen in der stillen Luft.

Wir saßen an dem wunderschönen Sandstrand zwischen Zelt und Feuer. Es war so still wie mittwochs in der Kirche. Der Vollmond, das knisternde Feuer und die Sterne zum Greifen nah. Wir sprachen mit gedämpfter Stimme.

»Was ist das?«

»Was ist was?«

»Dieses Geräusch. Es flirrt. Das ist kein Laster – zu groß.«

»Es ist auch keine Staustufe. Wir würden eine Staustufe auf Anhieb erkennen.«

»Wie wahr.«

»Es ist ein Kahn.«

Es war ein Schleppkahn, der sich gegen die Strömung zu uns heranarbeitete. Manchmal war er deutlich zu hören. Wenn er sich um eine Flussbiegung schob, wurde das Motorengeräusch leiser, aber das Tuckern war stets zu hören, wurde lauter. Der Motor rumorte im Käfig seiner Eisenrippen. Wir wandten die Köpfe, versuchten das Geräusch einzufangen.

Der Motorenlärm kam immer näher. Wir saßen am Feuer wie zwei kleine Jungs, die an der Eisenbahnstrecke warten, während ein unsichtbarer Zug auf sie zurumpelt. Warum ist die Vorfreude befriedigender als das Erlebnis selbst? Malt die Phantasie klarere Bilder mit tieferen Farbtönen als die Wirklichkeit? Wir wünschten uns den Kahn rasch herbei, wussten aber gleichzeitig, dass das Warten auf ihn das Beste war.

Da kam er. Flackernder Lichtschein erhellte das Tal auf der anderen Seite. Bäume, die bei Sonnenuntergang verschwunden waren, tauchten im blitzenden Licht wieder auf. Endlich kam der Kahn um unsere Biegung. Das Geräusch, ehemals gedämpft und flirrend, war nun harsch und scharf. Die Lichter blitzten auf, als er den Fluss vor sich herschob. Rote, grüne und orangefarbene Lichter nahe am Bug und ein sich ständig drehender Suchscheinwerfer ließen den Kahn außerirdisch aussehen.

Der Suchscheinwerfer erspähte uns, traf uns mit einem körperlichen Schlag, beinahe schmerzhaft in seiner Helligkeit. Das gleißend kalte Licht streifte über unseren Lagerplatz. Wir wurden wie Proben unter einem Mikroskop untersucht – klassifiziert, notiert und abgetan.

Das Geräusch verwandelte sich von einem tiefen Grollen in ein harsches, metallisches Wimmern. Unsere Körper vibrierten im Klang der Riesenmotoren. Als der Kahn langsam vorbeirumpelte, verwandelte sich der Lärm in das tiefkehlige Wummern eines Doppelauspuffs. Die Lichter, ehemals scharf, wurden langsam schwächer und verloren sich dann in der schwarzen Nacht.

Wir standen da und sahen dem verschwindenden Klang nach. Das Grummeln verringerte sich zu einem Murmeln, dann nichts mehr. Im Gefolge blieb noch ein Klangschatten hängen, der alle anderen Nachtgeräusche auslöschte.

Plötzlich war uns sehr kalt.

Hinter Minneapolis verwandelt sich der Fluss in einen Arbeiter. Er ist pragmatisch, zuversichtlich und sich seiner Macht gewiss. Mit aufgekrempelten Ärmeln weiß er um seine Position im großen Ganzen. Er ist erwachsen, dieser amerikanische Arbeiter, und er trägt Arbeitsstiefel.

Grummelnde Schlepper mit ihren Lastkähnen stampfen in einer Prozession den Fluss auf und ab, transportieren Mais, Eisenerz, Öl und Benzin. Sie kommen an Kaianlagen, Zementfabriken und Getreidespeichern vorbei. Die verwitterten Stahlsilos säumen das Flussufer wie Bergfriede.

Von Minneapolis bis hinunter nach St. Louis wird der Lauf des Mississippi durch mehr als zwei Dutzend Schleusen blockiert. Etwa alle zwanzig Meilen trifft der Fluss auf eine Staustufe. All das hatte ursprünglich den Zweck, einen ungehinderten Kahnverkehr bis Minneapolis zu ermöglichen. Die Planer und Erbauer dieser Gefüge hatten nur ein Ziel – schlicht und einfach Fracht zum Markt zu bewegen. Aufgrund der verlangsamten Strömung haben sich große Seen gebildet, die sehr zur Schönheit des Tals beitragen. Immer wieder einmal ist irgendwo auf dieser Strecke eine Einmündung, eine Landspitze oder eine Insel zu finden, völlig unberührt und unbewohnt. Wer dort am Lagerfeuer sitzt und die Sterne betrachtet, kann sich vorstellen, dass die letzten Fußspuren, die diesen sandigen Uferstreifen geziert haben, von Mokassins herrühren.

Die überschäumende Strömung nördlich von Minneapolis, die zwischen den Ufern hin und her sauste, wurde von einem stetigen, entschlossenen Marsch abgelöst. Keine Ausgelassenheit mehr, stattdessen gehörig mehr Fluss. Der Mississippi gluckerte nicht mehr sanft über verborgene Felsen. Er war immens, mächtig und stumm.

Wenn du in einem Kanu sitzt, hast du den Vorteil, ein intensives Gefühl für das Land, durch das du paddelst, zu entwickeln. Von einem vorbeisausenden Boot aus ist ein dunkler Fleck in einem grauen Ufer leicht zu übersehen. Vom Kanu aus war dieser dunkle Fleck etwas, das erforscht werden musste, das erforscht werden wollte. Wir entdeckten, dass es die Mündung eines Baches mit einem winzigen, hinter den Bäumen verborgenen Sandstreifen war. Wir ruderten unter die überhängenden Zweige, die wie eine Kirchendecke miteinander verwoben waren, und gelangten in eine dämmrige Welt, von der nur Waschbären, Rehe und der Himmel wussten. Während die Schatten großer Stahlkähne unaufmerksam vorbeizogen, bauten wir unser Lager in einer seit ewigen Zeiten unberührten kleinen Bucht auf.

Mit der warmen Nachmittagssonne im Gesicht paddelten wir an Orten mit Namen wie Lake City, La Crosse und Davenport vorbei. Die silbernen Blätter an den Bäumen raschelten im kühlen Nordwind und warfen das Licht zurück, das sich auf der Wasseroberfläche spiegelte. Wellige Hügel zwangen den Fluss immer wieder in sanfte Biegungen, sodass wir weiterhin neugierig waren, was wohl als Nächstes auftauchen würde.

VORFALL AN SCHLEUSE 20

Es war eine Nacht, in der Leute, die im Freien arbeiteten, froh gewesen wären, einer anderen Arbeit nachzugehen. Die Wolkendecke war tief und konturlos. Rauer, feuchter Wind kam wie eine Welle über die Bäume am Mississippi und raubte den Leuten auf dem Kahn die Wärme. Nasen waren rot und rotzig. Gebückte Männer spuckten und husteten lautstark. Sie bedeckten die Ohren und wischten sich die Nasen mit riesigen Lederhandschuhen.

John war krank. Er lag röchelnd und keuchend in einer der Schlepperkojen. Er schien mit seinen Kräften am Ende zu sein.

Ich arbeitete mit Jerry, dem Maat auf dem Schlepper *George W. Banta.* Der Zustand seiner Zähne ließ einen wünschen, er würde das Lächeln bleiben lassen. In den Stunden unserer Zusammenarbeit deckte mich Jerry mit Storys ein, in denen er mit Waffen hantierte, Jets steuerte und Kuba bombardierte. Dann gab es noch die Geschichten darüber, dass er dreimal hintereinander an Weihnachten im Knast sowie Mitglied des Ku-Klux-Klans gewesen war und zahlreiche Frauen gehabt hatte (die alle natürlich in ihn verknallt gewesen waren). Er hatte sich nackt am mexikanischen Strand herumgetrieben und war Obergefreiter der amerikanischen Luftwaffe gewesen. Er war aus dem Gefängnis entlassen worden – man hatte ihn eingebuchtet, weil er ein Gebäude in die Luft gejagt hatte – und brummte nun eine zweijährige Bewährungsstrafe ab.

»Warum hast du ein Gebäude hochgehen lassen, Jerry?«

»Eine Herzensangelegenheit, meine Brüder aus dem Norden, eine Herzensangelegenheit.«

Dann lachte er und warf den Kopf zurück, sodass sein Ziegenbart, der einem Südstaatengeneral gut angestanden hätte, wie ein Dolch auf mich zeigte.

Marie, die Köchin, beugte sich vor und flüsterte mir zu: »Bei Jerry musst du vorsichtig sein. Manchmal lügt er wie gedruckt.«

»Ach echt«, flüsterte ich zurück.

Ich folgte Jerry über die Kähne, reichte ihm Taue, wann er wollte, zog an Drähten, wann er wollte, und lauschte seinen Geschichten, was er ununterbrochen wollte. Wir arbeiteten geruhsam, bis wir an Schleuse 20 nördlich von Canton, Missouri, kamen. Es war eine von siebenundzwanzig Schleusen am Oberlauf des Mississippi.

Der Schlepperverband bestand aus sechzehn einzelnen Kähnen, die mit 16 000 Tonnen Getreide beladen waren. Er war mehr als 400

Meter lang und so breit wie ein Fußballfeld. Einen 34 Meter breiten Schubverband in eine 38 Meter breite Schleuse zu bugsieren war keine einfache Leistung. Umso erstaunlicher war die feinfühlige Art, mit der die Kahnleute diesen Leviathan manövrierten.

Die Einfahrt in eine Schleuse erfolgte in zwei Schritten. Der ganze Verband war doppelt so lang wie die Ausmaße der Schleuse, sodass die sechzehn Kähne in zwei Einheiten zu je acht aufgeteilt und einzeln durchgeschickt werden mussten. Der Verband wurde ordnungsgemäß in der Schleuse platziert und dann gesichert. Die hintere Hälfte wurde abgehängt. Die Tore schlossen sich um die vordere Hälfte, die in der Schleuse abgesenkt wurde. Sie wurde mit riesigen Winden herausgezogen, verankert und wartete dann darauf, wieder mit ihrer hinteren Hälfte verbunden zu werden.

Wir standen ganz vorn am Verband, das Lotsenhaus lag gute vierhundert Meter hinter uns, also musste Jerry das Mikrofon benutzen.

»Du hast noch sechs Meter bis zum Schleusenende, Käpt'n. Noch fünf Meter, Käpt'n. Jetzt geht's an die vier Meter, Käpt'n. Dreieinhalb … drei … eineinhalb … noch gut ein Meter, Käpt'n … noch etwa fünfzehn Zentimeter jetzt … OKAY!«

Gut vierhundert Meter Stahl, die der Schlepperkapitän mit seinem Maat zentimetergenau einparkte. Sobald der Kapitän den Befehl gab, war nur noch das Scheppern von Stahl auf Stahl zu hören: Die Kahnbesatzung entwirrte das Spinnennetz der Trossen, sodass der Verband geteilt werden konnte. Als sie damit fertig waren, donnerte der Motor in der Ferne, und die hintere Hälfte wurde langsam davongezogen.

Jerry und ich standen im Rost und Schmutz des Decks der hinteren Hälfte und sahen, wie die gesicherten Kähne in der Schleuse abgelassen wurden. Wieder verabschiedete sich ein Tag, und der raue Wind kündete von einem frühen Winter. Ich stand mit dem Rücken zum Wind und schaute auf den Mississippi, als wir langsam stromaufwärts zogen. Einen Augenblick lang sah es so aus, als ob Jerry etwas Bedeutendes sagen würde. Er spähte auf den Schlepper und erstarrte.

»Oh, oh.«

»Was soll das heißen, ›oh, oh‹? Ich mag es nicht, wenn jemand, der mehr weiß als ich, ›oh, oh‹ sagt.«

»Sieh dort rüber.«

Im Glanz der Suchscheinwerfer auf dem Wasser begannen der Schlepper und seine Kähne seitwärts zu schwingen. Der Kapitän versuchte vergeblich, die zweihundert Meter des Verbands in die Strömung zu drehen. Selbst im engen Raum des Schleusenzugangs schlugen Wellen an die verrosteten Kahnflanken. Die gesamte Besatzung schaute angespannt drein. Der Motor heulte tief im Bauch des Schleppers auf. Nervöse Blicke überall – selbst einem Gelegenheitsarbeiter wurde da klar, dass es haarig werden konnte.

»Wenn wir in die Überlaufströmung geraten, kann das echt schnell echt gefährlich werden.«

Jerry zog sich von der Reling zurück. Ich begriff noch nicht ganz, aber da ich die Erfahrung meines Gefährten respektierte, folgte ich ihm. Er blickte auf das näher rückende Wehr, als wäre es eine tödliche Gefahr. Die ehemals gerade Schnur der Kähne bog sich in der Strömung wie eine Banane. Trossen begannen wie ein fallender Baum zu knarren und zu ächzen.

»Runter mit dir!«

Ich duckte mich.

»Nein, NEIN! So wie ich! Auf den Bauch! Diese Trossen werden nachgeben!«

Ich legte mich vorsichtig auf das eisige Deck und starrte die Trossen an. Mir kamen sie noch ganz gut vor. Doch der Verband verbog sich noch weiter und entlockte den Trossen ein *knarr-knarr-knaarrrr ... PENG!* Wo einmal ein Stahlseil vom Umfang eines Männerhandgelenks gewesen war, war nichts mehr. Das Seil peitschte zurück und traf den Kahn dort, wo wir vor Sekunden noch gestanden hatten. Das Seil hinterließ eine tellergroße Delle in der Viertelzoll-Stahlplatte. Der ganze Kahn tönte wie eine gedämpfte Glocke.

»Da reißt noch eine; mach dich so flach wie möglich.»

»Weiter kann ich nicht, mein Reißverschluss pikst mich!«

Knarr-knarr-knarrrr ... PENG!

»Das war verdammt knapp!«

»Hoffentlich werdet ihr für so was gut bezahlt.«

»Geht so.«

Trossenstücke, Flocken weißer und roter Farbe und eine Wolke aus Rost regneten auf uns nieder. Die Kähne ächzten und grummelten vor sich hin, als die Strömung sie zu dem Wehr zog. Ein wohnhausgroßer Kahn rumste an das Zementwehr. Meine Sicht war allerdings nicht besonders gut, da ich die Hände über dem Kopf hatte und meine Wange auf dem Stahldeck des Kahns ruhte.

»Der Bruch ist vorbei! Ich lauf zurück zum Lotsenhaus. Kommst du? Ist kein Problem – alle Trossen sind bereits geborsten.«

»Ihr Kahnleute habt es echt drauf, einem Kerl wie mir Unterhaltung zu bieten.«

Alle Mann sammelten sich an der Bordkante und schauten über den Wehrrand auf die Wassermassen, die über die Rampe donnerten. Das Wasser saugte den Verband wie ein riesiger Staubsauger ans Wehr und hielt ihn dort fest. Endlich gelang es dem Kapitän, den Verband an der Seite des Wehrs entlang vom Überlaufsog wegzuzerren, bis er ihn wieder unter Kontrolle hatte. Der zweite, schließlich erfolgreiche Versuch, in der Schleuse 20 anzudocken, gestaltete sich viel langwieriger als der erste.

Es dauerte Stunden, den geborstenen Verband neu zusammenzuflicken, und eine weitere Stunde, bis wir durch die Schleuse waren. Den Großteil der Nacht verbrachten wir damit, Trossen zu ziehen, Winden festzuschrauben, zu zerren, zu schieben und zu schuften.

Ich hatte keine Ahnung, wie spät es war, als ich endlich unter Deck kam, aber im Osten wurde es schon hell. John wachte auf, als ich in die Kajüte kam.

»Du hättest sehen sollen, was ich gesehen hab«, krächzte er. »Ich lag in meiner Koje und schaute aus dem Bullauge, da sah ich dieses Wehr immer näher kommen. Wir müssen dagegengeschrammt sein. Ich hab einen ganz schönen Knall gehört. Jammerschade, dass du das verpasst hast.«

ST. LOUIS

Peng! Peng! Krach!

»John? John? Bist du wach?«

Krach! Krach!

»Seit fast 'ner Stunde. Na, Rance, wann stehen wir auf?«

Zisch! Ssssssssst! Krach!

»Aufstehen? Verdammte Sch... Aufstehen? John, das ist vielleicht eine blöde Frage, aber hast du gestern Abend am Ufer ein Schild gesehen? Etwas mit ... ach, keine Ahnung, so was wie ›Betreten verboten‹ oder ›Lebensgefahr‹?«

»Es war dunkel.«

Rumms!

»Was zum Geier war das?«

»Ich weiß es nicht, wette aber, es ist auf 'nem Stativ montiert.«

»Irgendwelche Löcher im Zelt?«

Wumms!

»So weit, so gut.«

»Wie weit ist es bis zum Fluss?«

»Der Missouri ist links und der Mississippi rechts.«

»Wo ist links?«

»Richtung Sonnenaufgang.«

»Wo sind wir?«

»Scheiße, weiß nich. Vielleicht Missouri. Einige Meilen nördlich von St. Louis.«

»Hast du das gespürt? Der Boden hat gebebt.«

»John.«

»Was?«

»Ich muss pinkeln.«

»Ich auch.«

Peng! Peng! Peng!

»Wir müssen auf dem Bauch aus dem Zelt rutschen und im Liegen pinkeln.«

»Du rutschst zuerst.«

»Pass auf, wo du hinkriechst. Ich war nachts schon mal draußen.«

Wumms! Sssssssst!

»Muss einen Ast getroffen haben.«

»Wie blöd ist das hier alles eigentlich?«

»Es war dunkel. Übrigens hätten wir auch weiter vorn zelten können.«

»Dann hätten sie uns wenigstens gesehen. Aber nicht hier zwischen den Bäumen. Blöd, blöd, blöd.«

»Blöd ... wie von einem Schiff über den Haufen gefahren zu werden?«

»Oder ins Kittchen zu kommen?«

»Oder über eine Staustufe zu paddeln?«

»Das war nicht meine Schuld! Du hast vorn gesessen, Rance!«

»Oder zu versumpfen?«

»Wann war das denn?«

»John, wenn du da draußen herumrutschst, wedle ihnen mit deiner Unterwäsche zu. Wenn du damit schon nicht ihre Aufmerksamkeit weckst, wird sie vielleicht wenigstens der Geruch töten.«

»Warum erzählst du ständig blöde Witze?«

»Warum musst du uns immer reinreiten?«

»Wir sind beide verantwortlich. Mitgehangen, mitgefangen.«

Krach! Krach!

»He, wer von uns hat gesagt: ›Der Strand dort sieht ziemlich gut aus‹?. Kein Wunder, dass er leer war. Er wird von der beschissenen Siebten Kavallerie unter Beschuss genommen.«

BUMM!

»Das reicht! Geh mir aus dem Weg. Ich weiß nicht, was das war, aber es war kein Kaliber .22.«

»Sag auf jeden Fall diesen Typen am Schießstand, dass diese hinter den Zielen zeltenden Idioten Botschafter des guten Willens aus Kanada sind!«

Der Leiter führte seine Tasse Kaffee nur halb zum Mund, als wir vor ihm standen und ihm unsere Geschichte erzählten.

»Sie haben wo gezeltet?«

Wir hatten gerade die letzte halbe Stunde damit zugebracht, auf dem Bauch durch einen Entwässerungsgraben bis zum Büro zu kriechen. Mit Schlamm, Laub und Zweigen bedeckt, hatten wir uns dem Leiter des Schießstandes vorgestellt. Er beantwortete seine erste Frage, indem er eine weitere stellte.

»Sie haben hinter den Zielscheiben Ihr Lager aufgeschlagen?«

Die meisten Tage unserer Mississippi-Reise hatten wir mit Kaffee begonnen. An diesem speziellen Morgen am Stadtrand von St. Louis waren wir durch Schüsse geweckt worden. Da ich Erfahrung mit beidem habe, kann ich mit ziemlicher Sicherheit behaupten, dass ein Kugelhagel ein besserer Wachmacher ist als eine Tasse Kaffee.

»Hat niemand die Zeltspitze gesehen?«

»Sie ist grün und schmutzig, ganz wie die Bäume dahinter.«

»Und sie liegt im Schatten.«

Über die Außenlautsprecher gab der Leiter den Befehl zum Einstellen des Feuers. Bald tauchte eine Gruppe von Männern auf, die über den Schießplatz ging. Sie sahen kopfschüttelnd zu, wie wir hurtig unser Zeug zusammenpackten und das Kanu in die Strömung schoben. Wir winkten, sie winkten, wir paddelten. Nach all dem, was bisher auf der Reise passiert war, schien dies ein stinknormaler Tag zu werden.

Da wir durch den Lärm von Kugeln, die uns um die Ohren zischten, geweckt worden waren, war ich zuversichtlich, dass der weitere Tagesverlauf nur besser werden konnte. Wir verließen Alton am Zusammenfluss von Missouri und Mississippi und paddelten auf St. Louis zu. Eigentlich jeder, mit dem wir sprachen, sagte uns, wir sollten den Chain-of-Rocks-Kanal hinabpaddeln. Im Süden der Chain-of-Rocks-Brücke befindet sich eine lange Reihe von Stromschnellen. Wenn wir den Kanal verpassten und auf dem Mississippi blieben, würden uns die Stromschnellen den Tag richtig versauen.

Der Kanal war gerade und ruhig. Die einzigen Wellen wurden von vorbeifahrenden Schleppern verursacht.

»Ganz schön langsam.«

»Ja, wir brauchen ein bisschen mehr Strömung, sonst verbringen wir hier den ganzen Tag.«

Wir kamen durch Schleuse Nr. 27 – die letzte am Oberlauf des Mississippi. Es war ein Meilenstein. Als die Tore aufgingen, jubelten wir beide. Der Jubel blieb uns allerdings in der Kehle stecken. Wir begannen augenblicklich, rückwärtszupaddeln, damit wir im ruhigen Gewässer der Schleuse bleiben würden.

Vor uns breitete sich ein Mississippi aus, wie wir ihn noch nie erlebt hatten. Der Fluss wallte, tobte und tanzte, als wüsste er, dass er die Enge der Staustufen endlich losgeworden war. Ich sah braune Hügel, die ich für Inseln hielt, wie den Buckel eines prähistorischen Ungeheuers verschwinden und wieder auftauchen. Treibgut wirbelte neben uns herum, und etwas weiter entfernt zog ein in einem Wirbel gefangener Baum gegen den Strom nach Norden, setzte zu einer halbherzigen Pirouette an, bis er sich endlich losriss und weiter nach New Orleans segelte.

»Du wolltest doch Strömung!«

»Ich dachte, die Stromschnellen seien weiter oben!«

»Passt auf, da kommt ein Schlepper!«

»Ich paddel ja schon!«

»Da kommen die Wellen!«

»Heilandsack ... pass auf! Pass auf!«

»Auf was?«

»Hast du Tomaten auf den Augen?«

»Was?«

»Da ist ein beschissener Wasserzulauf!«

»Dreh um! In die Wellen!«

»Weshalb?«

»Weil es uns da sonst reinzieht, deshalb!«

»Mist!«

Wir paddelten nicht mehr mit dem Kanu, wir zielten damit. Vorüberziehende Schlepper warfen monströse Wellen auf, über die wir verzweifelt zu reiten versuchten. Ich spürte, wie das Kanu, kaum noch beherrschbar, tiefer sank und schwerfällig wurde. Wir bemühten uns, einen Rest von Orientierungssinn zu behalten. Wir mussten das ständig steigende Wasser aus dem Kanu schöpfen – wir waren nahe daran, die Kontrolle zu verlieren. Paddeln war unsere einzige Chance. Und wir paddelten wie die Irren, die Köpfe geduckt, die Rückenmuskeln angespannt und mit verkniffenen Lippen.

Zwei Fischerboote legten vom Ufer ab und folgten uns mit aufmunternden Zurufen. Sie flankierten uns, minderten die Wucht der Wellen. Durch diese kurzfristige Erleichterung war es uns möglich, den Swimmingpool zu unseren Füßen leer zu schöpfen. Ohne die rechtzeitige Hilfe dieser zwei Fremden hätte dies das Ende der Reise – und vielleicht unseres Lebens – sein können.

Wir kamen langsam dem fernen Ufer näher. Sobald wir einigermaßen in Sicherheit waren, winkten unsere stummen Retter und dampften wieder stromaufwärts. Wir bugsierten uns zu einer betonierten Ufermauer. Als ich aus dem Kanu gestiegen war, blickte ich auf und blinzelte in die Sonne. Wir befanden uns direkt unter dem stählernen St. Louis Arch, dem Wahrzeichen der Stadt.

Wir warteten zwei Stunden lang auf einen Zeitungsreporter, der nicht kam. In der Zwischenzeit ließen wir uns trocknen. John beantwortete die Fragen einiger Touristen. Ich saß da und starrte auf den Fluss hinaus. John und die Touristen ignorierte ich.

»Rick, die Frau hat dich was gefragt, und du hast sie einfach ignoriert.«

»John, ich bin mein ganzes Leben lang bei der Wasserwacht gewesen. Ich hab schon drei Ertrunkene gesehen. Ich weiß, wann ich tief in der Scheiße stecke. Und wir stecken tief in der Scheiße, John. Verdammt, red du mit ihr.«

Ich stand auf und entfernte mich. Ich ging so nah wie möglich an den Stahlbogen heran. Ich wollte etwas Solides, Stabiles, Sicheres berühren. Ich wollte mit dem Rücken an den Bogen gelehnt dasitzen und seine Kühle spüren. Ich ließ mich im Schatten eines seiner Beine nieder. Den Fluss wollte ich nicht mehr sehen.

John hielt immer noch Hof, nun aber für eine andere Touristendelegation. Ich ging an der Gruppe vorbei und hob mein Paddel auf. Er verabschiedete sich hastig und warf mir einen scheelen Blick zu, als er ins Kanu stieg.

Wir paddelten ein Stückchen, kramten dann unsere Kamera heraus und fotografierten einander. Ich schaffte eine Grimasse, weil ich wusste, dass meine Mutter schließlich die Aufnahme sehen würde, doch John zeigte nicht das geringste Lächeln. Er ist eben aufrichtig.

Wir paddelten noch zwei Stunden weiter, bis wir an einer Sandbank unterhalb der Jefferson Memorial Bridge anlegten. Ganz in der Nähe mündete ein Abwasserkanal. Typisch.

DER LEDERNACKEN

Wir ließen uns mit der Strömung treiben. John und ich schonten uns an den Paddeln und berauschten uns an der Schönheit des Frühnebels, der sich über den Mississippi gelegt hatte. Einzig das *Plink Plink* des von den Rudern tropfenden Wassers war zu hören. Plötzlich erschütterte ein rasches *Patsch-patsch-patsch* die Ruhe. Wir stellten das Paddeln ganz ein, um herauszufinden, aus welcher Richtung das Geräusch kam. Da ertönte es wieder – diesmal näher, lauter. Vergeblich versuchten wir, durch das Dickicht aus Bäumen und Gräsern zu spähen. Nach all unseren Abenteuern hatte ich eine gute Antenne für diesen Fluss entwickelt. Ich beäugte das Ufer.

»Siehst du was?« John sprach leise.

»Wer es auch ist, sie beobachten uns.«

Die Minuten zogen sich wie Kaugummi. Wir wollten gerade wieder zu paddeln anfangen, als ein Mann mit einem weißen Frackhemd und einem schwarzen Schlips aus dem grauen Laub auftauchte. Wir starrten einander einige Zeit über das Wasser hinweg an. Ich hob mein Paddel zu einem stummen Gruß. Der Mann am Ufer winkte zurück. In seiner linken Armbeuge ruhte ein Sturmgewehr.

»Guten Morgen«, rief er.

»Gleichfalls. Putzt du dich zu Schießübungen immer so heraus?«

»Bin auf dem Weg zur Arbeit.« Er blickte auf Hemd, Schlips und Gewehr hinab und grinste.

»Muss ein ziemlich harter Job sein!«, schrie John.

»Ich verkaufe Bonbons!«

Wir mussten alle lachen. Das Geräusch schrillte übers Wasser.

»He! Etwa zwanzig Meilen weiter unten auf der Westseite gibt es eine Anlegestelle und ein Restaurant. Was meint ihr, wollen wir uns dort gegen vier Uhr nachmittags treffen? Ich lad euch zum Essen ein.«

»Klar! Wir versuchen, bis dahin dort zu sein.«

»Ihr seid dort!«, brüllte er, das Lächeln auf seinem Gesicht stand im Widerspruch zu seinem Tonfall.

»Okay, wir werden dort sein!«

Wir winkten noch einmal in unserem stromabwärts treibenden Kanu. Nach kurzem Zögern hob er grüßend sein Gewehr.

»Warum hast du versprochen, dort zu sein? Wir wissen nicht mal, was die Strecke zwischen hier und dort so bereithält. Wir könnten für die zwanzig Meilen zwei Tage brauchen. Das weißt du doch.«

»John, der Kerl hatte eine Waffe.«

Wir paddelten den ganzen Tag auf unser Ziel zu, getrieben von einer Begeisterung, als ob wir einen Termin beim Zahnarzt hätten. Auch wenn der Tag wärmer als erwartet wurde, war das Hemd des Mannes so weiß und frisch gestärkt wie am Morgen. Er hob sich wie ein Eiszapfen in einer Kohlenschütte von den gelangweilten Fischern ab, die um die Imbissbude standen. Seine zwanzig Meilen Straßenstrecke entpuppten sich als nur zehn auf dem Fluss, also waren wir trotz unserer Vorbehalte gegen ein Treffen mit diesem unbekannten Schützen früh dran. Das kleine Lokal verströmte einen warmen, feuchten Geruch nach Fisch, Essig, Flussschlamm, Bier und Zigaretten.

Wir setzten uns auf den Balkon in die Sonne. Das ordentlich geschnittene schwarze Haar umrahmte ein Gesicht, das direkt aus einem Highschool-Jahrbuch hätte stammen können, wären da nicht die Fältchen um seine Augen gewesen. Nach dem ersten Wortgeplänkel stellte ich die naheliegende Frage.

»Bist du beim Militär?«

»Marine. Bin erst seit Kurzem draußen. Das ist mir wohl anzusehen«, sagte er befangen.

»Mein Alter war Ausbildungsunteroffizier, und er bügelte seine Hemden ganz so wie du. Die Falten waren zum Schneiden scharf. Daran hab ich's gemerkt. Und weil du dich mit einem Gewehr durch den Wald geschlagen hast.«

»Ja, wir haben das Schießen eine gute halbe Stunde lang gehört«, sagte John. »Du warst allein, oder? Nur du und sonst niemand?«

Er zuckte mit den Schultern.

»Die Stelle dort am Wasser ist schön. Niemand geht mir dort auf den Geist.«

»Denk ich mir. Wer will sich mit einem Kerl anlegen, der mit einem Sturmgewehr rumschießt?«

»Als ich das erste Mal dort war, kamen die Bullen. Aber das waren Leute, mit denen ich zur Schule gegangen bin, daher haben sie mich seitdem einigermaßen in Ruhe gelassen.«

»Du musst inzwischen ein ziemlich guter Schütze sein«, sagte John. »Hast du vor, dich an Wettbewerben zu beteiligen?«

Der Ledernacken zog eine Grimasse.

»Ich kann nicht schlafen. Wenn die Schlaftabletten nicht mehr wirken, gehe ich zum Fluss runter und schieße.«

Dann leerte er die braune Bierflasche auf einen Zug. John und ich sahen einander an. John gab ein stummes Pfeifen von sich. Der Ledernacken lächelte breit, als er die leere Flasche auf den Tisch knallte.

»Dann geh ich gut gelaunt zur Arbeit.«

»Wann stehst du morgens auf?«

»Drei ... manchmal vier Uhr. Ich kann nicht schießen, bevor die Sonne aufgegangen ist, weil sich die Leute sonst aufregen, und wie ihr sagt, trägt der Schall weit. Doch sobald die Sonne über den Bäumen ist, fange ich zu schießen an«, sagte er und griff nach dem nächsten Bier. »Sie können sich nicht beschweren. Das Gelände ist Staatseigentum, und ich hab bis jetzt noch keinen umgebracht.«

»Du entspannst dich langsam?«, wollte John wissen.

»Ja, es war ein harter Tag.«

»Nein, ich meine, du entwöhnst dich allmählich von dem vielen Schießen.«

»Ja, mir geht das Geld für die Kugeln aus.«

»Nein, ich meine ...«

»Ich weiß, was du meinst!«, knurrte er. Sein jungenhaftes Gesicht verzerrte sich, Schmerz flackerte in seinen Augen auf. Schnell gewann er wieder die Fassung. Sein Lächeln war einnehmend.

»Sagt mal, wo zeltet ihr?«

»Wir werden uns erst mal die Hucke vollsaufen und dann auf der Insel dort drüben zelten.«

»Ja, niemand wird uns mitten auf dem Fluss aufstöbern.«

»He, warum übernachtet ihr nicht bei mir? Ich hab viel Platz, außerdem wird es regnen.«

»Deine Frau stört das nicht?«

Er blickte uns ausdruckslos an.

»Die ist abgehauen.«

Wir beide sahen uns an. Der Ledernacken wurde laut.

»Ziert euch nicht. Es ist ein großes, leeres Haus, und ich hab jede Menge Bier.«

Das gab den Ausschlag. Wir mussten uns noch einige Stunden ins Zeug legen, doch bei Einbruch der Nacht drehten wir unser Boot vor seinem Haus auf den Rücken. Bald erfüllte der Geruch von Fisch und Zwiebeln das hallende Haus, unsere Stimmen wurden von den Wänden der fast leeren Zimmer zurückgeworfen.

Bis auf ein paar Küchenteppiche gab es keine Einrichtung. Das Einzige, was einem Möbelstück nahekam, war ein nagelneues Sturmgewehr, das in einer Ecke an der Wand lehnte.

»Mir gefällt, was du mit dem Haus gemacht hast«, sagte John.

Der Ledernacken blickte sich mit einem schwachen Lächeln im Zimmer um.

Wir lehnten uns an das Angelzeug, das im Wohnzimmer verteilt war, und tranken alle drei Bier. Bis wir ein Bier geleert hatten, kippte er drei. Der Schein der einen Glühbirne tauchte das Zimmer in ein nüchternes Licht. Der Reihe nach stießen sich funkelnde Fliegen an der Birne zu Tode und fielen auf den Boden. Allmählich schlug das Gespräch eine Richtung ein, die uns nicht gefiel. Er fing an, von Vietnam zu erzählen.

Während Blitze über den Horizont zuckten, schüttete er sein Herz aus. Wie Zuschauer bei einem schrecklichen Unfall hörten wir die Schreie, rochen die Angst, den Schweiß und das Blut und waren machtlos. Während das Gewitter langsam aufzog, sprach er vom Korditgeruch, von den Toten, die einst seine Freunde gewesen waren. Er erzählte von fetten Ratten und Ameisen, die sich an den Toten gütlich taten, vom roten Lehm unter seinen Fingernägeln und vom alles durchdringenden Geruch des Verfalls. Er sprach von Khe Sanh, Hue und Saigon. Er redete und redete und redete. Er blickte nur einmal auf, als der Donner ihn übertönte. Seine schleppende Stimme und seine Bilder hielten uns in Bann. Als er langsam in den Wahnsinn glitt, versanken unsere Augen in der schwarzen Leere der seinen.

Es war noch nicht hell, als wir das Haus verließen. Im Osten war nicht einmal ein rosa Schimmer zu sehen, aber zwei von uns floh der Schlaf, und der Dritte hatte Angst davor. Am Horizont zog das Nachtgewitter lautlos weiter. Wir beluden das Boot am Ufern, nickten dem Ledernacken zu und stießen uns ab. Der Fluss machte an dieser Stelle eine langsame, weite Biegung, daher hielten wir uns eine Stunde lang dicht am Ufer, beide in Gedanken versunken. Es war einfacher, nur dahinzutreiben und dem Fluss die Entscheidung zu überlassen. Nach einiger Zeit fingen wir wieder zu paddeln an, ganz sacht, so als ob wir den Fluss nicht verletzen wollten. Wir hielten inne, um uns den Sonnenaufgang anzusehen. Einzig das *Plink Plink* des von den Rudern tropfenden Wassers war zu hören.

OL' MAN RIVER

Wenn die Leute vom »Ol' Man River« reden, stellen sie sich einen netten, alten Südstaaten-Gentleman vom Typ Mark Twain vor, der einen beigefarbenen, an den Säumen schon etwas ausgefransten Anzug trägt, mit langem Silberhaar und der allgegenwärtigen dünnen Zigarre. Mir kommt »Ol' Man« eher wie ein Mafiaboss vor, der nur die Hand zu heben braucht, und schon verstummen alle. Wer gesehen hat, wie es einen Schubverband von der Größe von sechs Tennisplätzen in einer Querströmung seitlich versetzt, der weiß genau, was es bedeutet, vom Mississippi umarmt zu werden. »Der Vater der Gewässer» hält alle, die auf ihm unterwegs sind, in seinen Armen, aber beileibe nicht zum Schmusen.

Südlich von St. Louis gleicht der Mississippi einem geflochtenen Seil, dessen Stränge sich wirbelnd ineinanderwinden und -drehen, das Flussbett unterhöhlen und an den Ufern nagen. Er ändert fortwährend seinen Lauf und seine Rinnen. Er ist sanft, wenn du mit der Strömung paddelst – manchmal ist seine Bewegung gar nicht wahrnehmbar. Aber versuche einmal, dagegen zu paddeln. Dann enthüllt er seine wahre Macht. Er ist so tief, dass im Schatten des St.-Louis-Stahlbogens eine Marinefregatte aus dem Zweiten Weltkrieg vertäut war, mitten in den Vereinigten Staaten. Hier ist der Mississippi, um die Fluten des Missouri vermehrt, zu breit, um sich noch eindämmen zu lassen; die schlammigen Uferbänke sind seinen Launen ausgeliefert.

Je tiefer du in den Süden vorstößt, desto mehr wird dir bewusst, dass dieses Dahingleiten auf dem Fluss eine zutiefst körperliche Empfindung ist. Die Gerüche von salziger Meeresluft und üppiger Vegetation vermischen sich. Die Feuchtigkeit hüllt dich ein, und auch wenn die Temperaturen knapp unter zwanzig Grad liegen, ist dir bis zum Erreichen des Deltas nie wirklich warm. Ohne Sonne fröstelt es dich.

Die Ufer des Mississippi werden bis hinab zum Golf von Mexiko von einem Waldstreifen gesäumt. Gelegentlich gleicht das Ufer einer Mondlandschaft, in der nur noch die Stümpfe gewaltiger Bäume übrig geblieben sind. Sieht man von Städten wie Memphis, Natchez und Baton Rouge ab, gab es Tage, an denen wir praktisch denselben Wald entlangpaddelten, den Entdecker vor Hunderten von Jahren schon gesehen hatten.

Im Morgengrauen offenbarte das durch den Flussnebel diffuse Sonnenlicht Bäume, die ihre riesigen Glieder in einer Unterwürfigkeitsgeste niedergebeugt hatten. Teppiche aus hängenden Moosen ließen an Versammlungen von ausgemergelten, alten Männern denken, die sich zerfledderte Gebetsschals umgehängt hatten. Der unterdrückte Klang des Verkehrs auf dem Wasser waberte durch den Morgennebel. Das Morgenlicht traf uns über unseren Kaffee gebeugt an, wo wir in unseren immer noch feuchten Klamotten fröstelten und »Ol' Man River« hörten, rochen und spürten.

TAGEBUCHSCHNIPSEL

10. November 1969
Heute hätten wir fast alles hingeschmissen. Wir brachen im Nebel auf und verbrachten den ganzen Vormittag damit, in das Zwielicht zu starren. Die Strömung peitschte uns mit gut sieben Meilen pro

Stunde voran. Nach zwei Beinahezusammenstößen mit Schleppkähnen kamen wir in Ste. Genevieve an. Nachdem wir Brot und Milch eingekauft hatten, setzten wir uns wieder ins Kanu. Von Süden war Wind aufgekommen, der hohe Wellen aufwarf; weiterfahren war zu gefährlich. Meine Nerven liegen blank. Wir hatten in den vergangenen Tagen so viele Beinahezusammenstöße, dass mir das Aufstehen am Morgen vergällt ist. Wenn ich zum Mittagessen oder zu einer Pause aus dem Kanu steige, fällt es mir sehr schwer, mich anschließend wieder hineinzuzwängen. Ich habe die ganze Zeit Angst. Wir landeten an einem felsigen Ufer, wo wir ohne Zelt übernachteten und stattdessen unter Plastikplanen im Kanu schliefen. John meinte, ich murmelte im Schlaf ständig »Nein, nein …«

12. November 1969
Um sechs aufgewacht. Ich wollte nicht wieder ins Kanu, daher gerieten John und ich uns gewaltig in die Haare. Ich benahm mich total kindisch und war mir dessen bewusst, aber ich bekam meine Angst einfach nicht mehr in den Griff. Wenn ich bei jedem Zwischenfall kurz nachdenken und rechtzeitig reagieren könnte, wäre alles in Butter. Aber wir hatten einen Beinahezusammenstoß nach dem anderen. Wir paddelten wie die Irren, um einem Lastkahn auszuweichen, nur um dann festzustellen, dass wir auf einen Strudel zuhielten. Und so schrien und brüllten wir einander an, hielten wieder Kurs auf die Wellen und schafften es endlich, sowohl Kahn als auch Strudel auszuweichen. So etwas passiert jeden Tag. Es ist nicht die aufregende Ausnahme, sondern die miserable Regel. Wir wurschteln uns einfach weiter durch, weil ein Anhalten gleichbedeutend mit Aufgabe wäre. Ich kann das Zittern nicht mehr abstellen. Es setzt mir zu, dass ich jeden Sommer meiner Highschool-Zeit als Rettungsschwimmer gearbeitet habe. Ich bin ein wirklich guter Schwimmer, aber ich habe auch einen gesunden Respekt vor dem

Wasser. Ich habe meine Schwimmweste immer umgebunden. John, der keine Angst vor dem Wasser hat, hat seine verloren.

EINE FLASCHE RUM

»Das ist zu gut für sie, John.«

»Für wen?«

»Die Amerikaner. Fällt dir auf, dass niemand hierherkommt? Kein Schwein. Und wir sind nicht mal fünfzig Meilen von Millionen von Menschen entfernt.»

»Ja. Nirgendwo Spuren im Sand.«

»Sie hetzen durchs ganze Land und zahlen überall fette Knete für Urlaub in der Wildnis, und diese Gegend liegt einfach so rum.«

»Wow, ist das schön hier.«

»Ein schönes großes Feuer. Kein Ungeziefer. Rum.«

»Ist dir kalt, Rance? Du zitterst.«

»Schau dir die Sterne an.«

»Seit wir von zu Hause weg sind, habe ich nicht so viele gesehen.«

»Kein Wölkchen am Himmel.«

»Welches Sternbild ist das da?«

»Na ja, da sind der Große Wagen, der Kleine Wagen und ein ganzer Haufen weiterer Sterne.«

»Mit anderen Worten ...«

»Okay, Schlaumeier, sag du's mir.«

»Also dort ist Orion, und dieses W ist Kassiopeia und ...«

»Und?«

»Und ein ganzer Haufen weiterer Sterne.«

»Wie sollen wir navigieren, wenn keiner die Sterne zu lesen versteht?«

»Wir sind auf einem Fluss, Blödmann.«

»Nenn mich nicht Blödmann. Ich hab den Rum.«

»Und bist auch sonst ein feiner junger Mann.«

»Halt deinen Becher ruhig, du Süßholz raspelnder Saukerl. Es fehlt jetzt bloß noch einer von diesen vollbusigen Matratzenhüpfern.«

»Ja, ja, ganz recht. Als ob es Frauen nur so jucken würde, uns an die stinkige Unterwäsche zu gehen.«

»Gilt nur für dich. Ich hab meine gewechselt.«

»In welchem Monat?«

»Ich glaube, es kommt deshalb niemand her, weil es hier jedes Frühjahr überschwemmt ist.»

»Schon komisch.«

»Was ist komisch?«

»Wir paddeln tagelang und treffen keine Menschenseele.«

»Mitten in Amerika, und keiner weiß, dass wir uns hier rumtreiben.«

»Ein über tausend Meilen langer Streifen jungfräulichen Waldes.«

»Ach, Jungfrauen.«

»Wie du.«

»Noch etwas Rum? Halt die Hände ruhig, verflixt noch mal.«

»Mir liegt da was auf der Zunge.«

»Heraus damit.«

»Ich weiß, warum ich diese Reise gemacht habe, aber was ist für dich der Grund?«

»Weiß nich, aber wenn ich auf eine Reise gehe, lerne ich beispielsweise mich selbst besser kennen.«

»Also, ich bin wegen des Hollywood-Lebensstils hier.«

»Und wegen der tollen Gesellschaft. Aber mal im Ernst, warum hast du diese Reise gemacht?«

»Im Ernst?«

»Im Ernst.«

»Ich wollte einfach nicht noch einen Abend im Billardsalon herumlungern. Die ganze Sauferei ... wo wir gerade davon sprechen ...«

»Rum?«

»Weißt du, wenn du aus den Städten rauskommst, sind die Staaten wirklich wunderschön.«

»Das ist zu gut für sie.«

»Das hast du schon gesagt, Rance.«

»Es macht dir immer einen Riesenspaß, mich auf meine Wiederholungen hinzuweisen.«

»Schicken wir Nixon doch einen Brief und sagen ihm, dass wir dieses Land zurückhaben wollen.«

»Lieber Dick ... es ist alles verziehen.«

»Weißt du was? Wenn wir weitermachen, bedeutet das den Tod. Das Boot ist zu klein.«

»Weiß ich.«

»Ich meine, wie viele verdammte Beinahezusammenstöße haben wir gehabt?«

»Ich hab mir nie träumen lassen, dass dieser Strom so riesig ist.«

»Fast so, als würde sich ein ganzer See mit knapp fünf Meilen pro Stunde in den Süden aufmachen.«

»Wir hatten so viele Beinahezusammenstöße. Es ist schon so weit, dass ich morgens gar nicht mehr aufstehen will.«

»Du schreist im Schlaf.«

»Wundert dich das? Wir entkommen knapp einer Gefahr und fallen praktisch gleich der nächsten in die Hände. Wir paddeln von einer Scheiße in die andere. Das Zittern hört gar nicht mehr auf. Schau! Schau dir meine Hände an!«

»Rum ist alle. Du weißt, wir müssen wieder ins Boot. Wir können nicht aufgeben. Denk an all die Zeitungen und unsere Eltern ...«

»Glaubst du, ich weiß das nicht?«

»Doch, doch.«
»Glaubst du, ich seh ihre Gesichter nicht vor mir?«
»Doch, doch.«
»Ich kann bloß nicht mehr aufhören zu zittern.«

AUF EINER JACHT

Es hatte so lange so heftig geregnet, dass Noah, wäre er in jener Woche in Missouri gewesen, nervös geworden wäre. Das Unwetter hatte die obersten Zentimeter des Golfs von Mexiko abgeschöpft und auf seinem Durchmarsch nach Norden die Wassermassen in weitem Bogen bis nach Kanada verteilt. Es regnete nicht, es goss in Strömen. Wir standen unter dem Dachvorsprung eines Jachthafens in Cape Girardeau und fragten uns nicht, wann, sondern ob der Regen überhaupt aufhören würde. Langsam zogen die grauen, zerschlissenen Reste des Tiefdruckgebiets nach Norden und spuckten Unrat aus. Die Sintflut hatte die Bäume entlaubt und die Ufer entblößt und hässlich zurückgelassen.

Ein Streifen Sonnenlicht brach durch die Wolken. Wie eine sturmzerzauste Küstenseeschwalbe glitt eine blendend weiße Jacht langsam durch den Sonnenstrahl auf den Kai zu.

Ein alter Mann warf John und mir vom Boot aus Nylonleinen zu, die wir an dem alten, verzinkten Poller festmachten. Der Mann manövrierte die Jacht vorsichtig an den Kai. Als er damit fertig war, schloss er sich uns an. Er schlug uns die Hände von den Leinen weg und befestigte sie erneut am Kai. Die Jachtmotoren brüllten auf und verstummten dann mit einem letzten, tiefen Heuler. Der Mann kniete nieder, entknotete und verknotete die Leinen noch einmal. John und ich wechselten Blicke. Der Sonnenstrahl versandete am fernen Ufer von Illinois.

Die Bootsbesatzung bestand aus zwei Männern – dem Eigentümer und einem jüngeren Mann, Phil, der angeheuert worden war, um die Jacht von den Großen Seen in den Heimathafen Boca Raton in Florida zu bringen. Bei einem schnellen Kaffee im Restaurant des Jachthafens berichtete uns Phil von den Jahren, in denen er Jachten gewartet und in Länder auf der ganzen Welt überführt hatte. Er erzählte, dass der Eigentümer diese Jacht vor mehr als einem Jahr gekauft, aber in dieser Zeit nur sechs Wochen genutzt hatte. Unser Gespräch endete abrupt, als der ältere Mann in der Tür auftauchte und seinen Angestellten brüsk anwies, die Hauptkabine zu säubern. Phil biss die Zähne zusammen.

Das Jahr neigte sich seinem Ende zu, und es wurde immer kälter, daher waren John und ich und die zwei von der Jacht beim Abendessen die Einzigen im Hafenrestaurant. Wir saßen an einem Tisch, weil es unhöflich gewesen wäre, getrennt zu sitzen. John schien die ungehobelte Art des alten Manns nichts auszumachen. Ich sah ihn nie direkt an – er aß mit offenem Mund.

Mitten beim Abendessen kam eine große, ältere Dame an unseren Tisch, auf dem Arm eines dieser knopfäugigen Hündchen, die zittern, wenn sie nicht getragen werden, und meistens zu Recht bekümmert dreinschauen. Sie glitt auf den leeren Stuhl neben dem alten Mann. Er nickte ihr zu und dann John und mir – seine Art, uns bekannt zu machen.

»Meine Frau«, nuschelte er.

Sie waren ein seltsames Paar. Er krümmte sich über sein Essen, als ob es ihm jemand stehlen wollte. Sie saß steif und aufrecht, leicht von ihm abgewandt. Sie fing ein Gespräch an, aber er schnitt ihr das Wort ab – nicht einmal, sondern mehrmals.

»Heute habe ich den süßesten kleinen –«

»Wie viele Meilen schafft ihr mit eurem kleinen Boot?«

»Mhm. Probier diese Suppe, sie hat so einen pfeffrigen – «

»Wie viel Geld habt ihr bisher auf eurer Reise ausgegeben?«

»Fass mal meine Hände an, Liebes, sie sind eis-«

»Ich war in eurem Alter schon nah an meiner ersten Million dran.«

Wenn ich mir die beiden so betrachtete, kam mir unwillkürlich ein an den Baum geketteter Wachhund in den Sinn.

Durch den Hurrikan war viel Unrat in den Fluss geraten, und so meinte Phil, er brauche noch ein paar zusätzliche Hände, um in die Quere kommende Baumstämme abzuwehren. Die Leute vom Jachthafen sagten uns, dass die Strecke bei Cairo, Illinois, voller Querströmungen und Strudel und stets mit Lastkähnen verstopft sei. John und ich hatten schon einen Beinahezusammenstoß zu viel erlebt, daher wollte ich wirklich eine Kanupause. Der ältere Mann ließ es sich durch den Kopf gehen. Am Ende des Abendessens waren wir auf Gedeih und Verderb Teil der Mannschaft.

Am nächsten Tag wollte der alte Mann gleich im Morgengrauen aufbrechen. Er scheuchte seine Frau und das bisschen Hund vom Boot und ließ dann die beiden Motoren an. Ich stand auf dem Vorderdeck und wickelte Taue auf, als Phil vorbeikam.

»Phil, was ist mit der Frau? Kommt sie nicht mit?«

Er lächelte.

»Der Hund hat einmal auf den Teppich geschissen. Daher lässt er seine Frau und den Hund jeden Morgen von Bord gehen und mit einem Mietwagen zum nächten Haltepunkt fahren.«

Ich stand mit dem halb aufgewickelten Tau da und schüttelte den Kopf. Phil winkte John zu uns her.

»Passt auf euch auf. Ich bin eine Weile im Maschinenraum, aber der alte Mann kann es kaum erwarten abzufahren, und er will steuern. Das könnte ... interessant werden.«

John und ich standen einsatzbereit mit Hakenstangen in der Hand auf dem Vorderdeck. Wir konnten das Wummern des Motors nicht hören, vernahmen nur das Gurgeln des Wassers unter dem Bug. Als wir langsam in die Fahrrinne einfuhren, bemerkten wir überall Treibgut. Eine Markierungsboje war direkt voraus.

»Achtung, da ist eine Markierungsboje. Achtung, da ist eine Markierungsboje. Achtung, da ist eine Markierungsboje. Achtung! Achtung – «

Rumms ... rumms ... rumms

»... da ist eine Markierungsboje.«

Die Boje hüpfte achtern auf und ab, ihre Mitte schmückte nun ein Halbkreis aus weißem Bootslack.

Inzwischen befanden wir uns mitten in der Fahrrinne des nach Süden strömenden Mississippi. Dummerweise waren wir nach Osten ausgerichtet und befanden uns auf Kollisionskurs mit dem Staat Illinois. Der alte Steuermann funkelte die mit zehn Knoten in der Stunde näher kommende Baumreihe finster an, in der Hoffnung, sie so aus dem Weg zu scheuchen.

Uns blieben noch dreißig Sekunden, dann würden wir tief im Gehölz des Ufersaums stecken. John und ich rasten vor zum Bug, als ob unsere Anwesenheit den bevorstehenden Zusammenstoß verhindern könnte. Umgehend rannte John zur Kabine zurück.

»Versunkener Baumstamm direkt voraus! Drehen Sie hart nach rechts!«

Der alte Kerl hörte auf John und drehte am Steuerrad. Und drehte und drehte und drehte. Langsam machten wir kehrt, bis wir mit zehn Knoten wieder Richtung Missouri tuckerten. Ich sprang in die Kabine.

»Sandbank direkt voraus. Drehen Sie nach links.«

Das Rad drehte sich erneut und drehte sich und drehte sich.

»Okay, stopp.«

Das Boot stoppte. Der Eigentümer stoppte. Alles stoppte, Steuerrad, Motoren, Ruder, alles war tot. Wir trieben still in der Strömung auf Missouri zu. Durch die Windschutzscheibe schaute der alte Mann uns an und wir ihn. Dann sahen John und ich einander an.

»Missouri. Das heißt doch Stadt der großen Kanus, oder?«, fragte ich John.

»Jo!«

Inzwischen war Phil aufgetaucht, weil er sich fragte, weshalb die Motoren abgewürgt worden waren.

John und ich standen auf dem Vorderdeck; die Jacht trieb ziellos mitten in der Fahrrinne. Ein Kahn arbeitete sich auf der Illinois-Seite hoch. Wir standen an der Reling und sahen zu, wie er gegen Strömung und Wind ankämpfte, während die Wellen an seinen Bug klatschten. Ein lautes Tuten ertönte, zu laut für einen Kahn, der sich im Gegenwind befand. Von rechts schob sich ein Schatten in mein Blickfeld. Wie zwei gleich getaktete Metronomen schauten John und ich hoch und erblickten einen über uns aufragenden Kahn.

»Kahn!«, brüllten wir.

Der Eigentümer schaute verblüfft durch die Scheibe.

»Zwei Kähne!« Wir wiesen mit ausgebreiteten Armen nach Osten und nach Westen. Phil packte rasch das Steuer und versetzte ihm eine halbe Drehung. Der Eigentümer warf ihm einen durchbohrenden Blick zu, ließ es aber zu, dass Phil das Boot aus der Gefahrenzone steuerte. Zwei Wände aus rotem Stahl glitten an uns vorbei, die eine nach Norden, die andere nach Süden. Das Spielzeug eines reichen Mannes schwankte in der Mitte. Wir standen da und sahen zu, wie die Kähne vorbeizogen.

»Weißt du, John, der Kerl hat keinen Funken Grips, keinen Orientierungssinn, und weißt du was?«

»Was.«

»Er ist ein Arschloch.«

»Er ist Millionär – irgendetwas hat er wohl doch richtig gemacht.«

»Sollen wir nachsichtiger sein, weil er Geld hat? Arschloch bleibt Arschloch.«

»Na, hört mal.«

John und ich wandten uns um und starrten Phil an.

»Na, hört mal.«

Wir starrten ihn weiter an.

»Also hört mal.«

Wir gingen mit einem Grinsen über beide Backen zu Phil hinüber.

»Das hat noch niemand zu uns gesagt.«

»Bitte?«

»Na, hört mal. Niemand hat bis jetzt ›Na, hört mal‹ zu uns gesagt«, kicherte John.

Ich drehte mich zu John um. »Das ist die höfliche Form von ›Passt bloß auf‹.«

»Wenn ihr euch mal am Steuer versuchen wollt, der Eigentümer geht nach unten.«

Sobald Phil und John am Steuer waren, beruhigte sich die Lage. Das ständige Stampfen der Motoren und das helle Sonnenlicht in der Kabine sorgten für eine entspannte Atmosphäre. Wir passierten einen bedeutenden Meilenstein unserer Reise, als wir an Cairo vorbeidampften, wo der Ohio River auf den Mississippi trifft.John und ich beobachteten das Treibgut, die Wellen, die Wirbel und die Kähne. Wir schauten nach hinten zu unserem Kanu, das wohlverwahrt auf dem Deck ruhte. Ich saß da und sah zu, wie aus Illinois Kentucky wurde. Ich zog mein Tagebuch heraus und fing zu schreiben an.

Unvermittelt trat der Eigentümer in die Kabine, überblickte die Lage und die Mannschaft. Er rieb sich die Augen.

»Was schreibst du da?«

»Tagebuch. Es ist die Geschichte unserer Reise.«

Er streckte die Hand aus. Das war keine Bitte. Ich zögerte. John und Phil blickten rasch weg. Ich händigte mein Tagebuch aus. Bis auf das Motorengesumm und das Rauschen des Funks war es still. Der Eigentümer machte es sich im Kapitänsstuhl bequem, während John die Jacht steuerte. Die Sonne schien herein und fiel auf die Seiten. Ich richtete den Blick auf den Horizont. Als er fertig war, gab der Eigentümer mir das Tagebuch zurück. Er grinste und wiederholte die letzte Zeile, die er gelesen hatte: »Ach, wären wir nur wieder sicher zu Hause.«

Ich nahm das Heft und steckte es wieder in meinen Rucksack, tief unter einen Packen Kleider.

Wir machten vor Sonnenuntergang an einem Kai fest. Es gab weiter südlich bessere Jachthäfen, aber der Eigentümer bestand darauf, dass wir hier festmachten. Die Anlegestelle war dem Nordwind und der Strömung ausgesetzt – selbst die Einheimischen legten hier nie an. Jeder vorbeifahrende Kahn drückte die Jacht an den Pier.

Mitten in der Nacht fing das Boot zu schaukeln an, weil der Wind zunahm. Phil stand auf und blickte durch das Fenster auf ein Schneegestöber. John und ich standen fröstelnd neben ihm. Eine der Straßenlampen am Ende des Stegs enthüllte wirbelnde Schneemassen. Wellen klatschten auf Wellen, und die Jacht klatschte an den Kai.

»Wir müssen von hier weg. Wir sind hier zu ungeschützt. Ich schaue mich mal um.«

Phil ließ die Motoren warm laufen, und wir warfen uns in unsere Klamotten. Als die Maschinen startklar waren, fing das Hündchen in der Kabine des Eigentümers zu kläffen an, was den Eigentümer bewog, seine Frau anzukläffen.

»Der Wind quetscht das Boot gegen den Pier«, sagte Phil. »Wenn wir hierbleiben, werden wir zu Brennholz. Ihr beiden schiebt das Boot vom Pier weg, und ich setze zurück. Strengt euch tüchtig an.«

Wellen klatschten von Norden an die Jacht und schickten Eis und Gischt über die Aufbauten. John und ich waren umgehend durchnässt. Wir stemmten uns gegen die Seite des Rumpfs; die Abweiser ächzten und knarrten. Sie waren so großem Druck ausgesetzt, dass ich mich fragte, warum sie nicht in tausend Stücke zersprangen. Ein Tau nach dem anderen wurde gelöst und auf das Boot geworfen.

Phil brachte den Zwillingsmotor auf Touren; die Jacht wurde immer stärker gegen die Abweiser am Kai gedrückt. John und ich strengten uns an, während jeder Wellenschub sich gegen unsere Bemühungen stemmte. Das Boot nahm Fahrt auf, und als John das Ende des Kais erreicht hatte, sprang er an Bord. Ich umklammerte die Reling und drückte mich mit letzter Kraft vom Pier ab, glitt aber auf dessen nasser Oberfläche aus. Das Boot zog mich übers Wasser. Ich hing an der Bordwand, die Füße schleppten im Wasser nach. John sah meine Hände an der Reling und rannte mit einem Aufschrei auf mich zu. Gerade als er mich erreichte, konnte ich ein Knie über das Geländer schieben. Mit seiner Hilfe zog ich mich hoch und blieb auf dem rutschigen Deck liegen.

»Ich mach mich morgen davon, John. Ich probier es wieder mit dem Kanu.«

III

UNTERLAUF

Memphis.

Die Kaltfront, die über das westliche Kanada und durch Montana strömte, erreichte bald auch Memphis. Die Temperatur fiel über Nacht um zehn Grad. Es war ein frischer, wolkenloser Tag. Am Ufer des Mississippi saßen John und ich und starrten über das Wasser.

Wir brauchten Nachschub und eine gründliche Reinigung, doch heute saßen wir im trüben Sonnenlicht und legten eine Pause ein. Der Strom floss zu unseren Füßen dahin, und hinter uns krallten sich einzelne knorrige Bäume in die Oberkante des Uferdamms. Lediglich die Dachspitzen von Memphis' Stadtzentrum ragten über den Damm, der gleichzeitig alle Geräusche dämpfte. Einzig das Rascheln des Herbstlaubs in den Bäumen war zu vernehmen. John hob einen Steinbrocken auf und warf ihn in den Strom.

Auf der anderen Seite des Uferdamms, nur einen Steinwurf von unserem Platz entfernt, hoben auch andere Menschen Steine. Sie warfen ihre Steine auf die Polizei von Memphis und die Nationalgarde. Fensterscheiben gingen zu Bruch, Gebäude brannten, Menschen schrien. Im November 1969 kam es in Memphis wegen des Vietnamkriegs zu Unruhen. Leben, Geschäfte und Häuser kamen zu Schaden. John griff nach einem weiteren Kiesel.

»Kannst du was hören?«

»Nein.«

»Willst du's dir ansehen?«

»Nein.«

John und ich waren allein, unser Kanu beladen, unsere Paddel lagen griffbereit. Ein Empfehlungsschreiben des Bürgermeisters unserer Stadt an den Bürgermeister von Memphis lag vernachlässigt in den Tiefen des Rucksacks.

»John?«

»Was.«

»Hast du schon mal gedacht, dass Menschen so werden wie die Gegend, in der sie leben?«

»Wie das?«

»Na ja, oben im Norden wirken die Inuit wie die Bäume dort klein und gedrungen. Hier aber, wo es viel zu jagen gibt, sind die Indianer groß, größer als die ersten Weißen, die hier auftauchten.«

»Rance, worauf willst du hinaus?«

»Ich denke, der Mississippi ist wie Amerika.«

»Puh, Junge.«

»Nein. Sieh ihn dir doch mal an.«

»Ist dir aufgefallen, wie sehr diese Amerikaner ihr Land lieben?«

»Aufgefallen? Sie machen eine verdammte Religion daraus.«

»Es kommt mir so vor, als würden sie im Wettstreit liegen, wer das Land am meisten liebt.«

»Das ist wahrscheinlich der Unterschied zwischen Kanada und den Vereinigten Staaten.«

»Hä?«

»Sie wurden als amerikanische Staatsbürger geboren, wir aber als britische Untertanen.«

»Und was macht das für einen Unterschied?«

»Na ja, wenn du Staatsbürger bist, musst du was dafür tun. Du trägst Verantwortung. Das ganze verdammte Gemeinwesen ist auf dich angewiesen. Doch wenn du Untertan bist, brauchst du gar nichts zu machen. Du bist einfach. Halt dich an die Gesetze und halt den Mund.«

»Wo hast du das denn gehört?«

»Im Geschichtsunterricht.«

»Alles klar.«

»Aber es stimmt. Den armen Schweinen wurde eingebläut, dass es an jedem Einzelnen von ihnen liegt, das Gemeinwesen zu verbessern.«

»Und wir Kanadier warten auf jemanden, der uns sagt, was zu tun ist. Meinst du das?«

»Na ja ...«

»Wenn das deine Meinung ist, warum ziehst du dann nicht in die Staaten?«

»Weil ich kein Amerikaner bin.«

»Menschenskind, geh dir einfach den Krawall ansehen.»

»Hör doch, ich glaube, unser Land ist das beste der Welt. Aber unser Motto lautet: ›Wir sind nichts Besonderes‹.«

»Na ja, sind wir auch nicht.«

Eine Katze streckte den Kopf aus einer Mülltonne, schaute sich um und rutschte dann an der Seite hinunter. John warf einen Steinbrocken in ihre Richtung. Der Novemberwind erwischte etwas Laub und Unrat und wirbelte seine Beute über den Damm. Wir saßen stumm da, kehrten dem Land, das sich die Seele zerfleischte, den Rücken zu und warfen mit Kieseln.

»Hast du schon mal das Gefühl gehabt, wir würden das Land verhökern?«

»Du denkst zu viel.«

»Das ist das Problem. Ich ... wir ... denken überhaupt nicht an Kanada. Unser Land ist uns gleichgültig. Es ist einfach ... da. Wir verdienen Kanada nicht. Und eines Tages wachen wir auf und haben das ganze Land verschenkt. Keiner hat es sich mit Gewalt angeeignet. Wir haben einfach das verdammte Land verschenkt. Stück für Stück.«

»Scheißamerikaner.«

»Scheißkanadier. Die Yankees lieben weite, offene Flächen. Und davon haben wir jede Menge. Wir servieren ihnen unser Land auf dem Präsentierteller. Und weißt du, warum?«

»Warum?«

»Weil Kanada uns am Arsch vorbeigeht.«

»Du weißt nicht, was du hast, bis es weg ist.«

»›Paved paradise, put up a parking lot.‹«*

»Kann sein. Jeder hat einen amerikanischen Freund, aber niemand mag Amerika.«

»Ich mag Amerikaner. Na ja, die meisten Amerikaner.«

»Mist, ich hab sogar Cousinen, die Amerikanerinnen sind.«

»Ist das die eine in L.A., die sich mal öffentlich ausgezogen hat?«

»Ich hab dir doch gesagt, John, das war eine Mutprobe.«

»Die würde ich gern kennenlernen.«

»Geile Titten.«

»Ich bin auf jeden Fall froh, Kanadier zu sein.«

»Alle mögen uns.«

»Wir sind harmlos.«

»Ja, ja, die Außenpolitik Kanadas lautet: ›Bitte überseht uns.‹«

»Rance, komm, wir schauen uns die Krawalle an.«

»Nö. Lass uns noch ein paar Steine werfen. Wo ist die Katze?«

EIN GESCHWUNGENER SCHNAUZER

»Ist das wieder still.«

Wir hielten kurz inne und ließen die Hände auf den Paddeln ruhen, die wir parallel zum Fluss hielten. Das Kanu, unsere Welt, war ein winziger Streifen Rot zwischen dem Mississippi und der kühlen Luft Louisianas.

In unseren Ohren dröhnte die Stille. Das gelegentliche Schmatzen der Paddel war unsere einzige Unterhaltung. Vor einem tief liegenden Hindernis wölbte sich eine riesige Wasserblase. Der Bug

* Das Paradies haben sie asphaltiert und einen Parkplatz daraus gemacht; Zeile aus »Big Yellow Taxi« von Joni Mitchell. (Anmerkung d. Übersetzers)

des Kanus stach in das pralle, braune Soufflé. Wir wurden langsamer, konnten uns an den Rand der Blase retten und entkamen schwungvoll.

Das Ufer von Louisiana, das der Morgensonne ausgesetzt war, war blassgrün. Im Uferwald klafften viele Lücken und Schneisen. Der Fluss und die saftige Erde hatten gewaltige Eichen geschaffen und genährt. Im Lauf der Zeit hatte der Fluss die Äste abgerissen und Schlamm und Dreck gegen die Stämme geschleudert – eine gewaltsame Verunstaltung. In einem letzten Zerstörungsakt unterspülte er den Boden, auf dem die Bäume standen. Sie kippten, gingen in die Knie und stürzten dann in den Fluss, wo sie sich zahllosen Leidensgenossen auf der ewigen Prozession zum Golf von Mexiko anschlossen.

Das Ufer des Mississippi im Morgenschatten war dunkel, massiv und grau. Nebelfetzen hingen am Ufer, verwischten die Linie zwischen Fluss und Schlamm. Die in unregelmäßigen Abständen wachsenden Bäume glichen einer Säge mit Zahnlücken. Die Morgensonne schlug sich durch die Nebelfetzen, schien auf die Baumwipfel, erreichte aber nicht das Ufer.

Wir nährten uns einer Flussbiegung, einer von tausend oder mehr, die wir auf diesem Reiseabschnitt passieren würden. Durch die Bäume und über das Ufer hinweg war der weitere Flussverlauf zu sehen. Er machte eine Schleife, schwang nach Osten, dann nach Westen. Wir kamen im gemächlichen Schritttempo voran. Mitten auf dem Fluss saßen wir regungslos da und genossen die Wärme der Sonne.

»Was ist das dort für ein Gebäude?«

»Wo?«

»Dort drüben. Auf der Mississippi-Seite.«

»Wo?«

»Hinter den Bäumen. Ein Wohnblock.«

»Weiß?«

»Ja.«

»Keine Ahnung. Könnte eine Wetterstation sein.«

»Küstenwache.«

Wir nahmen das Paddeln wieder auf, die Wärme der Morgensonne war eine willkommene Unterstützung.

»Das ist komisch.«

»Was ist komisch?«

»Der Wohnblock sieht aus, als würde er uns folgen.«

»Ja, sieht ganz so aus.«

Wir stellten das Paddeln ein und starrten auf das durch den Mississippi-Wald geisternde Gebäude. Es trat aus einer Baumgruppe hervor, und da zeigte sich, dass hoch oben eine amerikanische Fahne flatterte. Das Nebelhorn eines Schiffes ertönte.

»Oh, Mist.«

»Nicht schon wieder! Nicht jetzt! Nein. Nein. Wir sind viel zu dicht dran!«

»Paddel!«

»Wohin?«

»Irgendwohin.«

»Mississippi-Seite!«

»Mach schon! Los! Los!«

Wir arbeiteten wie wild, um ans Ufer zu gelangen. Der Bug rückte um die Biegung. Gemütlich schipperte das Schiff dahin, schob eine Bugwelle vor sich her – einen geschwungenen Schnauzer. Der Kahn schwang herum und war direkt auf uns und unsere pochenden Herzen gerichtet. Wir konnten beide Seiten des Schnauzers sehen.

Wir paddelten wie die Wilden auf das Flussufer zu. Halb versunkene Felsdämme, einst erbaut, um die Fließgeschwindigkeit zu bremsen, streckten ihre granitenen Finger nach unserem schmächtigen Gefährt aus. Ein Wirbel ließ uns wie ein Blatt im Gully taumeln.

Manchmal verfehlten wir Felsen nur um Zentimeter. Manchmal spürten wir Granit durch das Fiberglas furchen. Das Schiff hielt voll auf uns zu.

Eine winzige Gestalt stand an Deck. Ein fast glatzköpfiger Mann mit Fliegerbrille sah zu uns hinunter und wir zu ihm auf. Es gab kein Winken, keinen Gruß, keine freundschaftlichen Gesten.

»Wir kommen dran vorbei!«

»Nein! Schau!«

Vor dem Bug, vor dem grünen, gezwirbelten Schnurrbart, wurde das Wasser zusammengedrückt und schob sich am Schiff hoch. Hatte es den Bug passiert, bildete das Wasser eine Rinne und erzeugte eine gewaltige Welle.

»Heilandsack!«

Der lange, grüne Berg kam auf uns zu. Teile der Welle überschlugen sich. Wo das Wasser aufgewirbelt wurde, bildeten sich sahnefarbene Schaumkronen. Die Welle klatschte ans Ufer und riss dabei Baumstämme und Treibgut mit. Wir stiegen auf, höher als je zuvor. Dann stürzten wir wie über einen Wasserfall. Wasserwände umgaben uns. Vom Boden der Rinne aus sahen wir, wie die Baumwipfel vorbeirasten.

Das Schiff rauschte denkbar knapp an uns vorbei, das Dröhnen der Motoren hallte vom Wasser und von den Flussufern wider. Starr vor Schreck, hielten wir unsere Paddel waagrecht, benutzten sie als Ausleger. Noch mehrmals stieg und fiel das Kanu und wurde von sich überschneidenden Wellen durchgeschüttelt.

Langsam beruhigte sich der Fluss wieder. Ruppige Heckwellen wichen Wasserblasen und zarten Windkräuseln. Schaumspuren markierten den Kurs des Schiffs. Wir zogen die Paddel ein und saßen stumm da.

Nach einiger Zeit gab John sich einen Ruck.

»Habe ich erwähnt, wie still es war?«

So also sah das Schwanzende eines Hurrikans aus – Greenville, Mississippi. Etliche hundert Meilen landeinwärts, und das Tiefdrucksystem hatte immer noch enorme Kraft. Der Regen kam in Sturzbächen herab und ließ dem Mittagslicht keine Chance. Das Blechdach des Lagerhauses, unter dem wir Zuflucht gesucht hatten, dröhnte unter dem Ansturm des Regens. Silbern spritzten die Tropfen auf die Oberfläche des Flusses und verdeckten die am Ufer stehenden Bäume. Eine Straßenlampe auf dem Kai erzeugte einen trüben, gelben Schein. Die asphaltierte Straße, die von der Tür des Lagerhauses wegführte, verschwand im Grau, noch bevor sie den trüben Schein einer zweiten Straßenlaterne erreichte.

»Wie spät ist es?«

John schaute auf sein Handgelenk und hielt dann blinzelnd die Uhr zu einer der Lampen hoch.

»Mittag«, erwiderte er und schüttelte den Kopf. »Verdammter Mittag.«

Dunkle Gestalten bewegten sich im Lagerhaus. Schatten tauchten auf und verschwanden, durchmaßen mit Kartons und Bündeln beladen die kleinen Lichttümpel. Ein Gabelstapler, der eine Fahne aus halb verbranntem Propan hinter sich herzog, tauchte auf; sein Lärm wurde vom Regen auf dem Dach geschluckt. Der Fahrer stellte das Fahrzeug ab und schloss sich einer Gruppe an, die es sich auf Ballen gemütlich gemacht hatte. Sie saßen da, einige über Papiertüten und Henkelmänner gebeugt, und starrten uns an. John, der die Blicke nicht bemerkte, verschwand, um unseren hiesigen Ansprechpartner anzurufen.

Er war ein kleiner, schwarzer Mann etwa in meinem Alter. Er saß allein auf einem Ballen aus schwerem Stoff und versuchte, sein Mittagsbrot, das in einer feuchten Tüte steckte, zu essen. Er trug ein ausgebleichtes gelbes Hemd und hatte ein altes rotes Taschentuch um die rechte Hand gewickelt. Der Stofffetzen war so breit, dass die Finger bis zum vordersten Gelenk umhüllt waren, doch trotzdem quoll noch Blut heraus. Der Schmerz ließ ihn immer wieder zusammenzucken. Er fuhr sich mit der Zunge über die weichen, vollen Lippen und starrte in den Regen hinaus. Seine Augenbrauen zogen sich zusammen, als er versuchte, die Finger zu krümmen.

Unsere Rucksäcke lehnten an der Wand, unerreichbar für die niederprasselnden Güsse. In einem von ihnen befand sich ganz unten ein Erste-Hilfe-Kasten, der seit dem Aufbruch in Kanada kaum benutzt worden war. Ich ging hinüber und kramte ihn heraus. Der junge Mann blickte auf, als ich mich ihm näherte. Der rote Kasten mit dem weißen Kreuz verkündete meine Absicht.

»Ich hab da diesen Erste-Hilfe-Kasten und wollte ihn schon immer mal zum Einsatz bringen«, sagte ich, bemüht, seinen Stolz nicht zu verletzen.

»Ich wäre Ihnen sehr verbunden.«

»Ich wäre Ihnen sehr verbunden.« Diesen Satz hatte ich außer im Fernsehen noch nie gehört. »Ich wäre Ihnen sehr verbunden« klang nach halb gerauchten Stumpen, alten Magnolienbäumen, Zichorienkaffee und einem kräftigen Schluck Whiskey. Er versetzte mich in die Welt der Plantagen, die es einst in diesem Landstrich gegeben hatte.

Ich kniete mich vor ihn, und wir entfernten gemeinsam den behelfsmäßigen Verband. Die Wunde klaffte hässlich. Fleisch- und Hautfetzen bildeten entlang der Lebenslinie einen gezackten Graben, der bis ans Ende des Handballens reichte. Er würde nie wieder eine durchgehende, klare Lebenslinie haben. Blut sickerte aus den zerrissenen Hautfransen, als ich die Ränder zu säubern versuchte.

»Woran haben Sie sich geschnitten?«

»Droht.«

»Wie bitte?«

»Droht, Stocheldroht.«

Der Erste-Hilfe-Kasten roch antiseptisch, kompetent. Mein Patient machte große Augen, als ich die klaffende Wunde reinigte.

»'ne Menge Blut.«

»Ach, ist nicht so schlimm«, log ich. »Ein Arzt hat mir mal gesagt, wenn man eine kleine Tasse Blut in einem weißen Raum verspritzt, sieht das aus, als wäre jemand mit einem Beil zerstückelt worden. Der Anblick von Blut ist immer schlimmer als die Wunde selbst.«

In meinem Mund sammelte sich zäher Speichel. Einen Augenblick lang war mir danach, ihm den Kasten auszuhändigen und ihn sich selbst zu überlassen. Ich wickelte eine weiße Binde um die Wunde.

»Sehen Sie, es ist nicht so schlimm.«

Der Verband wurde rasch hellrot.

»Wenn es geht, sollten Sie demnächst lieber einen Arzt aufsuchen.«

Wir wussten beide, dass dies nicht geschehen würde. Das war der Verband, den er behalten würde, bis alles verheilt war oder eine Entzündung einsetzte. Ich lächelte dem jungen Mann in spröder Aufmunterung zu.

»Leroy, du wirst jetzt wieder an die Arbeit gehen.«

Der Befehl aus dem Hintergrund wurde leise, aber mit Autorität gegeben. Der junge Mann verließ umgehend den Ballen, auf dem er gesessen hatte. Das unverknotete Ende des Verbands flatterte ihm nach.

Ich wickelte die weiße Gaze auf. Der Gabelstaplerfahrer kam auf mich zu, blieb stehen und glotzte. Er war dick und selbstsicher. Das war seine Arena. Ich lächelte. Wirkung gleich null. Er hatte einen Gewichtsvorteil von zwanzig Pfund. Aber ich wusste so gut wie er, sollte der Kampf länger als ein paar Minuten dauern, hätte ich das bessere Durchhaltevermögen. Ich hatte gerade zwei Monate paddelnd im Kanu verbracht, und das war mir anzusehen. Hinter ihm hockten betont lässig drei seiner Kollegen. Ich bekam die paar Minuten also nicht. Ich, mein Zeug und das Kanu würden uns umgehend wieder in Richtung Wasser aufmachen.

»Wir kümmern uns da selbst drum.«

»Ich wollte bloß helfen.«

»Wir kümmern uns da selbst drum.«

Ich wickelte langsam den Rest der Gaze auf und behielt den Gabelstaplerfahrer im Auge. Er blickte auf die drei Männer im Schatten. Wir steckten fest, er vor seinen Arbeitskollegen, ich mit dem Rücken zum Fluss. Er sprach laut gegen das Donnern auf dem Dach an. »Wir kümmern uns da selbst drum.«

Ich lächelte blöd. Dieser Satz schien sein ganzes Repertoire zu sein. »Das habe ich erwartet.«

Er war dabei, eine Entscheidung zu treffen. Wir wussten beide, was er eigentlich wollte. Aber Leute wie er warteten, bis sie nach billigem Fusel stinkend die Deckung der Nacht hatten. Er blickte auf unser Zeug.

»He, Rance!«

»Jaah!« Ich klang ein wenig zu laut.

»Der Verleger ist nicht da! Aber seine Frau schickt ein Auto her, das uns abholt.«

John lachte, als er den Kai erreichte. Der Gabelstaplerfahrer war verschwunden.

Ich setzte John schnell ins Bild. Wir verfrachteten unser Zeug auf das Segelboot eines Bekannten, das in dem kleinen Hafen hier vertäut war. Wir waren durchnässt und dachten daran, unseren Werbeauftritt abzublasen, als das Auto vorfuhr.

Wir hatten ursprünglich vereinbart, den Verleger einer Zeitschrift in Greenville zu treffen. Er schaffte es zeitlich nicht, aber seine Frau willigte netterweise ein, uns in ihrem Haus zu empfangen. Sie saß mit überkreuzten Fußgelenken und im Schoß verschränkten winzigen Händen da. Ihre durchscheinende Haut hob sich gegen das grau-schwarze Haar ab, das auf einem schmalen patrizischen Kopf thronte. Obwohl der Tag ziemlich warm war, trug sie einen Pullover und einen passenden Faltenrock, der nicht im örtlichen Ramschladen erstanden worden war. Sie strahlte eine an Schwermut grenzende aristokratische Hoheit aus.

Ihr Blick streifte ein Dienstmädchen, das auf seinen Einsatz wartete. Die Frau sprach zum Tisch gewandt. »Tee? Ich hörte, es würden zwei junge Engländer zu Besuch kommen. Also habe ich angewiesen, Tee zu servieren. Ich hoffe, Sie fühlen sich so mehr zu Hause.«

»Ist schon Ordnung, Ma'am, wir trinken daheim sowohl Kaffee als auch Tee«, sagte John. »Wir sind auch an Zichorie gewöhnt.«

»Nun, Sie bekommen bei uns, was immer Sie wollen. Sie sind jetzt im Süden, und wir sind berühmt für unsere Gastfreundschaft. Wie ist Ihre Reise bisher verlaufen, Mr. Van? Irgendwelche Beschwerden?«

»Nein, Ma'am. Alle waren wirklich freundlich.«

»Und Sie, Mr. Ranson? Sie sind schrecklich still.«

»Mir geht es gut. Es ist bloß ...« John warf mir einen Blick zu. »Es ist bloß so, dass wir in den letzten zwei Monaten im Freien waren und ich jedes Mal, wenn wir in ein warmes Haus kommen, einschlafe.«

»Oh«, lächelte sie und richtete ihren Blick zwischen John und mich.

»Also, wenn wir irgendetwas für Sie tun können, sagen Sie's einfach. Denn wir kümmern uns wirklich um unsere Mitmenschen.«

Eines Tages paddelten wir an einem kleinen weißen Segelboot vorbei, das an einen Angelsteg angebunden war. Wir winkten dem Eigentümer zu, Bob, wie sich herausstellen sollte. Seine weißen Zähne leuchteten, als er uns mit einem Bierglas zuprostete.

Am nächsten Tag zog er mit seinem kleinen Segelboot an uns vorbei. Bei bis über die Schmerzgrenze aufgedrehter Musik ließ er erneut sein engelhaftes Lächeln aufblitzen und erhob sein Glas zum Gruß. Das wurde bald ein vertrautes Muster. Während John und ich mühsam die Meilen abspulten, flatterte Bob wie ein Schmetterling auf dem ganzen Fluss herum.

Er war abwechselnd unser Erlöser und unser Henker. John und ich gerieten in die eine oder andere Klemme, und wenn die Aussichten am düstersten waren, kam Bob in seinem Segelboot den Fluss entlanggeflitzt und rettete uns. Dann gerieten wir in seinem Schlepptau allerdings in einen derartigen Schlamassel, dass wir die Stadt völlig übereilt verlassen mussten.

Eines späten Abends hatten John und ich in Bobs Segelboot Zuflucht vor einem Unwetter biblischen Ausmaßes gesucht. Er überließ uns unserem Schicksal, während er sich zu einem Rendezvous mit einer Bardame aufmachte. Die fragliche Dame hatte angeblich ziemlich lockere Moralvorstellungen. In der Tat hatte Bob erfahren, dass Miss Bardame als flottester Feger des Ortes bekannt war. Gegen zwei Uhr morgens kam er aufs Boot geschwankt und brüllte mit so viel Puste, wie er noch in sich hatte: »Kommt, rührt euch! Wir müssen weg!« Die Leinen wurden gekappt, und der Motor sprang an. Bob blickte gehetzt über die Schulter. Durch Regen und Bäume rasten die aufblitzenden Scheinwerfer von etlichen Autos auf uns zu. Als wir die Boje umrundeten und direkt auf die Mitte der Fahrrinne zuhielten, hörten wir Gebrüll.

»Woher soll ich wissen, dass der Barkeeper ihr Ehemann ist?«, keuchte Bob, der nach Atem ringend auf dem Boden des Cockpits zusammengebrochen war.

Bob trank für sein Leben gern. Er war ein fröhlicher Zecher, ein ausgelassener Zecher, der lauteste Zecher in der Bar. Eines Nachmittags hielt sich Bob an der Ruderpinne seines Segelboots fest, kippte einen Bourbon nach dem anderen und wurde unter der Sonne Louisianas langsam, aber sicher angeheitert. John und ich hingen unter Deck ab und lauschten seinem Gesang. Er düste über den ganzen Fluss und besah sich etliche Objekte, die sein Interesse geweckt hatten, aus der Nähe. Er inspizierte einen Baumstamm, einige alte Ölfässer, einige Bojen.

Wir entspannten uns unten mit Lesen, rechneten aber ständig mit einem von Bobs wunderlichen Einfällen. Man ließ ihm am besten etwas Raum. Raum war auf einem Achtmetersegelboot Mangelware. Immer wieder legte einer von uns sein Buch beiseite, streckte den Kopf aus der Luke, lächelte Bob zu, warf einen Blick auf den Fluss und zog sich wieder in die warme Kabine zurück. Je betrunkener Bob wurde, desto mehr behielten wir den Fluss im Auge. Nach einiger Zeit gab ich das Lesen auf und stellte mich in den Niedergang.

»He! Gib mir mal die Holzkiste.«

»Wo?«

»Da unten, im Schrank. Inner Kombüse. So is's recht.«

Ich übergab Bob die schwere Kiste. Er stellte sie auf den Sitz neben der Ruderpinne. Ich dachte, sie enthielte einen Sextanten. Da täuschte ich mich aber. Er machte den Deckel auf und zog die größte vernickelte, perlmuttverzierte Faustfeuerwaffe heraus, die ich je gesehen hatte. Ich starrte sie an, wie eine Maus eine Königskobra beäugt. Bob hielt die Waffe in die Luft und inspizierte sie.

Ich setzte mich ganz nah neben John. Der schaute erst in meine aufgerissenen Augen, dann hoch zu Bob. Die Waffe glitzerte im Sonnenlicht.

WUMM! WUMM! WUMM! WUMMWUMMWUMM!

Bei jedem Schuss zuckten John und ich zusammen, als hätten wir uns in einem Elektrozaun verfangen. Bob schoss auf Baumstämme, Ölkanister, Müll, Flusswirbel; kurzum, auf alles, was seine Aufmerksamkeit fesselte. Mit jedem *WUMM* duckten wir uns ein bisschen tiefer auf unseren Plätzen.

Bob stellte das Schießen ein und widmete uns einen langen, glasigen Blick. Das war es dann. Wir waren die Nächsten auf der Liste. Er würde uns erschießen und mit der texanischen Rechtfertigung durchkommen – »Sie hatten's nötig.«

»He, wollt ihr mal probieren?«

»Na klar!«

»Nein!«

Der Unterschied zwischen John und mir bestand darin, dass er es ernst meinte, wenn er sagte, er sei gegen Waffen, gegen Gewalt und gegen Krieg. Ich hingegen nahm lediglich die korrekten Sätze in den Mund. Wenn es darauf ankam, warf ich mich lieber voll ins Getümmel. Mit einem Gefühl, das dem der Freude nicht unähnlich war, nahm ich die warme Waffe von Bob entgegen. John blieb schmollend unten sitzen. Ich sah mich nach etwas zum Umlegen um. Ziemlich weit draußen trieb ein Baumstamm parallel zu uns. Ich zielte sorgfältig und drückte den Abzug. *WUMM!*

»Aua! Au. Au. Au. Au.«

»Mein Gott!« John sprang auf. »Was ist passiert?«

»Au! Au!«

»Er hat Jeschusch erschossen!«

»Au!«

»Was?«

»Er hat Jeschusch erschossen.«

»Was?«

»Au! Au! Au!«

»Der Rückschlag hat 'n anner Nase getroffen. Hat die Wolke da abgeknallt. Wir nennen es Jeschusch erschießen.«

»Ich hab mir die Nase verletzt!«

»Du Trottel.«

»Au. Hatte die Wolke Angehörige?«

JOHN UND MEINE SCHÜSSE

Ich glaube, meine Freundschaft mit John bekam einen Knacks, als ich anfing, auf ihn zu schießen. Na ja, nicht direkt auf ihn.

Ich weiß wirklich nicht, weswegen er so angefressen war. Ich schoss über seinen Kopf hinweg, den Kai entlang, und zudem befand er sich am Boden des Segelboots. John war vollkommen okay, wenn er den Kopf unten behielt. Am ganzen Kai war sein Gebrüll zu hören, doch jedes Mal, wenn er aufschrie, gab ich ein paar weitere Schüsse ab, und bald schon hörte er auf. Der Legende nach erschoss Billy the Kid einen Mann, weil er schnarchte. Wenn schon diese kleine Provokation ein ausreichendes Motiv war, dann konnte er uns nicht das Wasser reichen.

Stellen Sie sich vor, Sie starren drei lange Monate lang, beim Aufwachen, beim Einschlafen, beim Essen, ständig auf den Hintern eines anderen Kerls. Nach einer Weile war unser Zusammensein wie ein ständiger Zahnschmerz. Wie in einer schlechten Ehe sahen wir uns nicht mehr in die Augen, gingen jedem Gespräch aus dem Weg, gaben nur dann Einsilbigkeiten von uns, wenn es sich nicht vermeiden ließ, und verbrachten die Zeit innerhalb unserer eigenen unsichtbaren Wände. Unsere Schweigephasen waren so ausgedehnt, dass wir jedesmal, wenn ein Dritter uns ansprach, baff waren, überhaupt noch über die Fähigkeit zu verfügen, vollständige Sätze hervorzubringen. Hätte ich einer Jury die Spannung zwischen uns beschrieben, kein Gericht hätte uns wegen Mordes verurteilt.

An jenem Morgen hatte ich John beim Essen zugesehen. Es war ein langsames, methodisches, mechanisches Zermalmen. Sein Blick war starr geradeaus gerichtet, leicht verschleiert. Sein Kiefer malmte und malmte und malmte. Den Kopf hatte er leicht schräg gelegt. Wenn er seinen Zehennagel hätte abbeißen können, hätte er ihn die vorgeschriebenen neunundneunzig Mal gekaut, bevor er gewagt hätte, ihn auszuspucken. Sein ganzes bewusstes Wesen war auf die prosaische Tätigkeit konzentriert, den Kiefer in Bewegung zu halten.

Nach jedem zweiten oder dritten Bissen strich er seinen Fu-Manchu-Schnurrbart gerade. Dazu waren zwei Bewegungen nötig. Mit der ersten legte er Daumen und Zeigefinger unter die Nase und fuhr dann den strähnigen Schnurrbart den ganzen Weg bis zu beiden Seiten des Kinns entlang. Dann wischte er sich übers Gesicht, indem er die Hand über den Mund legte und den Kiefer sowie die Unterlippe bis zum Kragen runterzog, wobei er die unteren Schneidezähne freilegte – ein wahrhaft abschreckender Anblick. Er nahm einen langen, langsamen, vollen Atemzug und stürzte sich dann auf seinen nächsten Bissen. Der Kiefer trat wieder in Aktion.

Ich sah ihm eine Weile mit angewiderter Faszination zu, bis er bemerkte, dass er das Objekt ernsthafter klinischer Untersuchung war.

»Was is?«

»Weißt du, meine Mom hat mal gesagt, wenn du jemanden liebst, würdest du ihn sogar noch lieben, wenn er ein Axtmörder wäre.«

»Ja – und?«

»Wenn du ihn nicht liebst, würden dich seine Essgewohnheiten in den Wahnsinn treiben.«

»Und?«

»Ich habe dir beim Essen zugesehen, und ich fürchte, ich werde dich umbringen müssen.«

»Hast du dich schon mal gehört, wie du einen Apfel isst?«, fragte John. »Du klingst wie ein Pony. Da fällt mir ein, wer hat all die Plätzchen genommen?«

»Ich nicht, aber ich verkauf dir welche.«

»Pass bloß auf, Rance, du wirst so fett, da könnten sie dich bald zusammenschnüren und auf einem Feld herumkicken.«

»Ich bin in Form.«

»Ja, und die Form ist rund.«

Das war die längste Unterhaltung, die wir seit einer Woche geführt hatten.

Es war ein kalter, klarer Herbsttag. Diesmal hatten wir angedockt und waren den Elementen nicht ausgesetzt. Bob hatte Mitleid gehabt und uns auf dem Boot schlafen lassen. Er war tagsüber weg, und wir waren uns selbst überlassen. Der Kai in Natchez befand sich einige Meilen außerhalb der Stadt. Der im Sommer normalerweise gut besuchte Platz war Ende November verlassen. Es war der perfekte Tag für Schießübungen, vor allem für jemanden, der bisher erst einmal eine Waffe in der Hand gehalten hatte.

Peng ist zu kurz und endgültig, um das Geräusch eines Schusses in der kühlen, stillen Luft zu beschreiben. Es klang wie zerreißendes Papier. Der Kugel folgte das Zischen verletzter Luft, und das Echo hatte erstaunlich viele Klangfarben, sprang von den Büschen zurück, klatschte vom Beton hoch und hüpfte über die Untiefen des Mississippi. Die Waffe gab mir ein Gefühl der Macht. Sie lag überraschend gut in der Hand. Sie war glatt, sinnlich und leicht zu handhaben. Nur ein Drücken am Abzug. Mit einer Faustfeuerwaffe kannst du alles umlegen, was du willst.

An der Stelle, wo der Kai ins Ufer überging, lag ein Haufen weggeworfener Dosen. Ich wühlte in den angerosteten Behältern herum und suchte eine Spraydose heraus. Sie hob sich von den anderen Dosen ab – sie war neu, kaum benutzt, also einen Schuss wert. Ich stellte sie ganz ans Ende des Kais. Dahinter war nichts als der Mississippi, und dann kam nach knapp zwei Meilen Louisiana. Das Boot, in dem John sich ausruhte, schaukelte außer Sichtweite unterhalb des Kais. Ich peilte die Dose mit großer Sorgfalt an. Ich entspannte mich, atmete aus und drückte sanft den Abzug. Die Kugel ging so weit daneben, dass sie sogar den Fluss verfehlte.

Beim zweiten und dritten Schuss genauso. Ich beugte mich vor. Etliche Schüsse später kam ich dem Ziel etwas näher. Es war viel schwerer als in den Filmen. Also legte ich mich auf den Kai und stützte den Lauf auf einem Stück Holz ab.

Auf den Klang des abgefeuerten Schusses folgte unmittelbar das *Pssssssss* der ihren Inhalt versprühenden Dose – schwarze Farbe. Die Minirakete kreiselte über den Kai und spie schwarzen Rauch.

Ich stand auf. Schwarze Punkte übersäten mein Gesicht, jedes Boot im Umkreis von zehn Metern, den Kai, die Hinweisschilder, unser Kanu, unsere Paddel, unsere zum Trocknen ausgelegte Unterwäsche, unsere Schlafsäcke. Einzig und allein John blieb sauber.

ANRUF GENÜGT

Der Mississippi wurde zu einem breiten Binnenmeer. Hochseetaugliche Schiffe, Schleppverbände, Fischkutter und Schwimmbagger, ganz grau und verrostet, bevölkerten die Oberfläche. In dem Gewässer, das nicht bloß floss, sondern strudelte und sich überschlug, war jedes Gefährt darauf bedacht, geraden Kurs zu halten. Ein Schlepper stemmte sich mit hoher und gleichmäßiger Bugwelle gegen die Strömung. Seine mit Öl beladenen Kähne folgten im Wellental, fast im Strom verborgen wie ein Krokodil.

Der Ort befand sich hoch oben auf einer Klippe am östlichen Ufer. Am Fuß der Klippe stießen wir auf einen kleinen, künstlich geschaffenen Flussarm, der teilweise durch eine Baumreihe verdeckt wurde. Wir machten unser Kanu am Kai fest und entdeckten hinter der Anlegestelle eine Gruppe baufälliger Gebäude, die sich an die Klippe schmiegte. Davor lag eine alte Straße, die steil zu einer Kehre aufstieg und schließlich in den Ort führte. Hohes Gras rückte dem bröckelnden Asphalt auf den Pelz. Gelbe Farbtupfer des einstigen Mittelstreifens markierten nun den Rand, da der Asphalt vor Jahren eingesunken war.

Die Gebäude auf Kaihöhe hatten flache Dächer, bröcklige Fassaden und stützten sich gegenseitig. Auf den ersten Blick sahen sie aus, als hätte die Welt sie vergessen. Das Einzige, was sie von anderen gewerblichen Lagerhäusern unterschied, waren die vielen Neonreklamen, die an den Fassaden hingen. Im schwachen Morgenlicht sah das Neongewirr aus wie Christbaumschmuck – auf einer Müllhalde.

Die Temperatur auf dem Kai lag mehr als zehn Grad über der des Stroms. Der Gang die steile Straße hinauf zum Rathaus versprach lang und heiß zu werden.

»Suchen wir uns erst ein Telefon«, sagte John und deutete auf eines der Gebäude. Es sah müde aus. Aber es sah wie ein müdes Restaurant aus, und selbst die verfügen über Telefone.

Ich lief in John hinein, weil er mitten in der Tür stehen blieb. Als ich über seine Schulter blickte, mussten sich meine Augen erst an das Licht gewöhnen. Den hinteren Teil des Restaurants konnte ich nicht sehen, spürte aber, dass wachsame Augen mich beobachteten. Rechts von der Tür stand eine dicke, schwarze Bar mit einem dicken, schwarzen Mann, der Gläser spülte. Hinter ihm befand sich ein Spiegel, der zum Teil von Schnapsflaschen verdeckt wurde, einige voll, einige fast leer. Der Spiegel war bis zu einer bestimmten

Höhe sauber. Außerhalb der Reichweite des Barkeepers war er dreckverschmiert.

Das Restaurant war klein. Dunkelrote Wände waren mit Zeitungsauschnitten geschmückt, die in einer krummen Linie angeordnet waren. An einer Wand zeigten historische Aufnahmen, wie das Restaurant während einer früheren Überschwemmung halb im Fluss versunken war. Eine andere Wand präsentierte Glamourfotos mit schmollmündigen Starlets in unterschiedlichen Stadien der Entkleidung. Die Holzdielen knarrten bei jedem Schritt. Es gab einige Tische, und der Größe und Beschaffenheit der Speisekarten nach zu urteilen, waren kleine, fettige Mahlzeiten erhältlich. Einige dick gepolsterte Sessel standen herum. Sie waren von der Sorte, die billig zu haben ist, sich billig anfühlt und weit über ihre Nutzbarkeit hinaus verwendet wird. Zwei dieser Sessel waren von Frauen belegt. Eine dritte war mit dem Abwischen der Tische beschäftigt. Alle drei rauchten. Es sah aus, als hätten sie gerade erst aufgemacht.

»Wir haben noch geschlossen«, sagte der Mann hinter der Bar.

»Wir müssten nur mal telefonieren», sagte John mit einem Blick auf das Telefon vor uns an der Bar.

»Wir haben noch zu. Kommt in einer Stunde wieder«, wiederholte der Schwarze.

»Bloß ein Ortsgespräch.«

»Wir haben noch nicht geöffnet.« Sein Ton hatte etwas Endgültiges. Alle im Raum horchten auf.

Die Frau mit dem Wischtuch kann zu uns her. »Tut mir leid, aber über dieses Telefon haben zu viele Leute Ferngespräche geführt. Tut mir echt leid, mein Süßer.«

Ihre Stimme klang spröde, und ihr Körperumfang war gewaltig. Sie trug eine gelbe, ärmellose Bluse, die den Blick auf ihre schwabbelnden Oberarme freigab. Es würde ein langer Marsch in den Ort werden.

Da kam mir ein Einfall, und ich griff in meine Tasche und übergab ihr den Brief. Ich begriff augenblicklich, warum Städte auf alle ihre Schreiben große Briefköpfe drucken, denn ihre Reaktion veränderte sogar die Luft im Restaurant. Es herrschte Schweigen, als sie ihn überflog. Ihre Lippen bewegten sich. Sie blickte zu uns auf.

»Den ganzen Weg von Kanada, hm?«, prustete sie grinsend heraus.

Ich lächelte.

»Wen willst 'n anrufen?«, fragte sie und reichte den Brief an den Barkeeper weiter.

»Na ja, es war geplant, dass wir mit dem Bürgermeister sprechen, wenn wir hier ankommen. Also wir fangen mit ihm an.«

»Dann mach mal.« Sie wedelte in Richtung Telefon. »Aber keine Anrufe nach Kanada.« Sie blinzelte dem Barkeeper zu, der den Brief las. Seine Lippen bewegten sich.

John lächelte sie an und griff nach dem Hörer. Sie ging zu den zu stark gepolsterten Frauen in den zu stark gepolsterten Sesseln und deutete auf uns.

John sprach mit Sekretärinnen, Büroangestellten, Beamten und schließlich mit dem Bürgermeister selbst, den er an seinen freundlichen Brief erinnerte. Nach etlichen Orten und etlichen Beamten hatte keiner von uns mehr großen Respekt vor Politikern.

Ich nickte den beiden sitzenden Frauen zu. Sie lächelten zurück. Wenn es Gäste waren, die hier ihren Morgenkaffee einnahmen, dann schienen sie sich hier wohlzufühlen und es nicht eilig zu haben. Die Besitzerin – zumindest hielt ich sie dafür – musste ihnen von uns berichtet haben, denn sie lächelten jedes Mal, wenn ich in ihre Richtung blickte. Es fühlte sich sonderbar, aber auf eine gewisse Art tröstlich an, eine kleinere Berühmtheit zu sein. Leute lächelten dich an, so wie jene netten Damen, die dort drüben saßen.

Die ältere Dame mit dem kurzen Jeansrock und dem zu engen schwarzen Pullover widmete mir ein längeres Lächeln. Sie schaute mich auf eine Art an, die, nun ja, ziemlich direkt war. Mir wurde klar, hätte ich meinen Chevy Baujahr '56 und eine Kiste Bier anstatt des müffelnden alten John und des Zelts dabei, wäre mir das Glück hold. Die Jungs hatten mir gesagt, es sei einer Frau anzumerken, wenn sie es wollte, auch wenn ich das nie mitbekam. Vielleicht wurde ich in diesen Dingen allmählich besser.

Die jüngere Frau mit dem schiefen Zahn lächelte mich ebenfalls an. Ich nickte, wandte mich dann aber ab, um aus dem Fenster zu schauen. Als ich nochmals hinüberblickte, fiel mir auf, dass sie immer noch lächelte. Verdammt, wo ist ein Motel, wenn du eines brauchst. Ich trat von einem Fuß auf den anderen. Festgetrockneter Flussschlamm raschelte, als die Hosenbeine aneinanderrieben. Als ich mich neben John, der immer noch am Telefon hing, über die Bar beugte, entstiegen meinem Hemd säuerliche Gerüche. Ich warf einen verstohlenen Blick auf die beiden Damen – sie lächelten immer noch. Mein Ego reckte sich in die Höhe, meinen Ausdünstungen folgend. Ich betrachtete die Fotos mit den Starlets. Zwei Bilder kamen mir bekannt vor. Ich war in Denkspielen nie so gut gewesen, aber dafür besser in Malen nach Zahlen. Ich zählte eins und eins zusammen und erkannte rasch, dass die beiden lächelnden Damen in den brüchigen Sesseln auch zwei der laszıven Schauspielerinnen waren, die mich von der Wand herab anblickten. Dann dämmerte mir, dass sie nicht im Showgeschäft waren. Aber im Geschäft waren sie.

Ich wirbelte herum, als John endlich den Bürgermeister an der Strippe hatte.

»Sag ihm, wir treffen ihn an der Anlegestelle! Nicht hier! Sag ihm, wir werden ihn beim Boot treffen! Beim Boot! Nicht hier!«, flüsterte ich eindringlich.

Ungehalten legte John die Hand auf die Sprechmuschel und wandte sich mir so herablassend zu, als ob ein Moskito ihn belästigen würde.

»Warum?«

»Weil das hier ein Puff ist!«

Auf dieser Reise hatte ich John schon im Kittchen gesehen. Ich hatte John verängstigt gesehen. Ich hatte John krank und weinend erlebt. Ich hatte ihn aber noch nie sprachlos gesehen. Er stand stocksteif da, in der einen Hand den Hörer, die andere auf dem Bartresen, und sah aus, als wäre er gerade auf dem elektrischen Stuhl gelandet. Ein Summen drang aus dem Telefon. John nuschelte etwas Unverständliches in die Muschel und knallte den Hörer auf.

Der Bürgermeister kam wie verabredet ans Wasser und holte uns ab. Wir entschuldigten uns dafür, dass wir sein feines Auto verdreckten, und beantworteten alle seine Fragen. Er blickte auf die leere Anlegestelle, die verlassene Straße und dann hinüber zu dem Gebäude, das wir gerade verlassen hatten.

»Von wo aus haben Sie angerufen?«, wollte er wissen.

John wies nach Norden, ich nach Süden.

»Von einer Tankstelle.«

»Von einem Büro.«

Der Bürgermeister prustete los. Als wir an der Bar vorbeikamen, pressten sich drei Gesichter an das Fenster. Die Damen winkten. Der Bürgermeister winkte zurück. John und ich drückten uns in die Sitze. Er schaute uns an und gluckste während der ganzen Fahrt zu seinem Büro.

EINE SCHIFFSSCHRAUBE

Als ich vor mich hin döste, dem Schlaf nahe, war das Letzte, womit ich gerechnet hatte, ein Aufschrei. Dieser Schrei und das *Brumm-brumm-brumm-brumm* einer Schiffsschraube waren beinahe das Allerletzte, was ich je gehört hätte.

Seit St. Louis waren wir fünfzehn Meter langen Bäumen ausgewichen, die den Fluss hinabtrieben und dem Mississippi-Ufer komplett mit Laub, Wurzeln, Stamm und Erde entrissen worden waren. Neben den Bäumen teilten wir uns den Fluss mit altem Bauholz, Abfall, Abwässern und Ölfässern, alles nach Süden unterwegs. Wir paddelten neben Stämmen, die in Wirbeln verschwanden und die, sobald sie sich befreit hatten, wie Speere in den Himmel schossen. Kähne tauchten unvermittelt aus dem Morgennebel auf, verfehlten uns um Zentimeter und verschwanden dann rasch.

Nach Baton Rouge dachten wir, wir hätten unser Können bewiesen. Wir waren mehr als zweitausend Meilen gepaddelt und wollten

The Big Easy einfach nur noch lebend erreichen. Also fuhren wir bei Bob mit, verzurrten unser Kanu und die beträchtliche Ausrüstung auf dem Dach seines Segelboots. Bob wollte bis weit in die Nacht hinein weiterfahren, um dem gefährlichen Verkehrsstau, der tagsüber auf dem Fluss herrschte, zu entgehen. Er meinte, dann gebe es weit weniger Boote, mit denen er es aufzunehmen hätte. New Orleans ist der zweitwichtigste Hafen in den Vereinigten Staaten. Der Verkehr war nachts nicht weniger stark, er war nur schlechter zu erkennen.

Die Nacht war mondlos, aber an beiden Uferstreifen blinkten die Lichter von Kaianlagen, Raffinerien und zahlreichen anderen Industriegebäuden. Wir hatten geglaubt, allen Verkehr auf dem Strom erkennen zu können, da die vorbeifahrenden Gefährte gut beleuchtet waren und somit die Lichtquellen am Ufer überstrahlten. Das traf für Aktivitäten auf back- und steuerbord zu, aber wir sollten bald erkennen, dass wir am Heck einen großen blinden Fleck hatten.

Da meine Wache an der Ruderpinne beendet war, hatte ich mich in die Hundekoje begeben und versuchte einzuschlafen. Eine Hundekoje in einem kleinen Segelboot ist ein ausstaffierter Sarg unter der Treppe. Um in die Koje zu kommen, musste ich ungefähr so hineinschlüpfen wie in das Schubfach einer Leichenhalle. John hatte mich auf meinem Posten abgelöst, und Bob hockte hinter ihm im Führerhaus. Sie führten eine träge, stockende Konversation, als ich in den Schlaf hinüberdöste, eingelullt von den sanften Wellen und dem Dröhnen der Motoren.

Ich hatte den deutlichen Eindruck, dass das Boot angehoben und seitlich versetzt wurde. Diese Bewegung und die verblüfften Schreie meiner Freunde machten mich mit einem Schlag wach. Ich schlängelte mich aus dem Bett und landete barfüßig auf dem Boden, der sich hob und wieder senkte. Ich öffnete die Luke und kletterte ins Führerhaus. Mein Blick wurde zuerst backbords auf die Lichter einer Raffinerie gelenkt. Trotz des heftig schaukelnden Boots erschienen die Lichter lotrecht. Als ich mich nach steuerbord wandte, sah ich überhaupt keine Lichter. Nur bräunliches Schwarz. Dann glitt eine rostige Schweißnaht vor meinem Gesicht vorbei.

Ich blickte geradewegs auf eine Schiffsflanke. John drehte das Boot hart ab. Das Schiff glitt nur Zentimeter an uns vorbei, und das rumpelnde *Brumm-brumm-brumm* der halb aus dem Wasser ragenden Schiffsschraube erfüllte unsere Welt. Die von ihr erzeugten Wellen schoben uns unversehrt aus dem Weg.

Wenn du jung und unbeleckt bist, hältst du dich für unsterblich. Mit dem Alter kommt hoffentlich die Weisheit. Die Weisheit, nachts nicht in einem kleinen Segelboot auf einer der befahrensten Wasserstraßen der USA zu schippern. Wann immer ich darüber nachdenke, was den Tollkühnen alles zustoßen kann, erinnere ich mich an den Anblick einer Schweißnaht und das dazugehörige *Brumm-brumm-brumm-brumm-brumm.*

IV

NEW ORLEANS

Wir segelten unangekündigt und unbeachtet nach New Orleans, nur ein weiteres Stück Treibgut auf dem Mississippi, das sich den Fluss mit einer Stahlfront gewaltiger Containerschiffe, die an den Hafenanlagen angedockt hatten, teilen musste. Schleppverbände, die nur Geschäft und Tempo im Sinn hatten, drängten sich vor, hinter und neben uns durchs Wasser. Wir konnten uns des Eindrucks nicht erwehren, dass Industrie sehr viel wichtiger war als Abenteuer, und sollte ein kleines Gefährt zwischen all den riesigen Schiffe Probleme bekommen, wäre es ganz auf sich allein gestellt.

Die Spätnachmittagssonne glänzte auf den Wellenkämmen und spiegelte sich in den Fenstern der Lagerhäuser entlang dem Strom. Wir hatten alle Hände voll zu tun, in den geschäftigen Hafen zu segeln, sodass wir nicht spürten, wie sich die Last langsam von unseren Schultern hob. Sie war weg, doch die blauen Flecke, die das Gewicht der Erwartungen anderer Leute hinterlassen hatte, gemahnten uns weiterhin an unsere Verwundbarkeit. Unsere Blicke beobachteten bis zum allerletzten Augenblick der Reise misstrauisch die Wellen, die anderen Gefährte, den Wind und die Strömungen.

New Orleans ist eine Stadt der Gerüche. Der Duft der Cajunküche aus Hunderten kleiner Restaurants, gekochte Riesengarnelen, ofenfrisches Brot, Magnolienbäume, Ölgestank, den es von Baton Rouge herträgt, und Wasser – der träge, erdige Mississippi und der brackige Lake Pontchartrain – vermischen sich mit der durchdringenden Feuchtigkeit.

Später am Abend, als das Unterbewusstsein schon wieder Pläne für den nächsten Tag schmiedete, dämmerte uns endlich, dass es vorbei war – kein Abbauen des Lagers, kein Zusammenpacken von Zelt und Zeug, kein Ausweichen vor Schiffen, Treibgut oder Wellen, die von Schubverbänden verursacht wurden. Da verwandelten sich die Gedanken, die bisher ums Überleben gekreist waren, allmählich in Triumphgefühle.

Wir saßen in einer schäbigen Bar in New Orleans, genehmigten uns ein Bier und ein Sandwich, als ich den Arm ausstreckte und Johns schwielige Hand schüttelte. Wir murmelten irgendwelche Glückwünsche und machten uns gleich wieder über das Essen her. Im Verlauf der Mahlzeit fanden wir unser Lächeln wieder. Und wir behielten es.

»Wie fühlst du dich?«

»Als hätte ich endlich die Schule abgeschlossen.«

»Tut es dir leid, dass es vorbei ist?«

»Nicht im Geringsten.«

»Mir auch nicht.«

»Ich bin müde, John.«

»Ich genauso.«

»Ich meine das nicht körperlich.«

»Ich weiß. Du hast seit Tagen keinen schlechten Witz mehr erzählt.«

»Was soll das heißen? Ich scherze, also bin ich?«

»Trink dein Bier, Rance. Wir haben es hinter uns.«

Sowohl Winnipeg als auch New Orleans behalten die Flüsse, die sie durchschneiden, besorgt im Auge. Sie versuchen, sie hübsch innerhalb ihrer Ufer und Dämme zu halten. Die Flüsse jedoch sind eigensinnig – beide Städte sind mehrmals von ihnen überschwemmt worden. In New Orleans und Winnipeg gibt es eine fatalistische, bis in die Wurzeln der kollektiven Psyche reichende Grundstimmung, dass eines Tages das Wasser siegen wird.

An einem seiner letzten Abende in New Orleans nahm Bob uns mit auf eine altmodische Kneipentour. Wir sollten bald getrennte Wege gehen – Bob in die Karibik, John und ich zurück nach Kanada. Es war der Abschiedsabend.

Wir suchten Touristenbars auf, Jazzbars, Country-and-Western-Bars, Cajunbars, Hafenspelunken, Rockerbars, Bars, die wunderschön waren, Bars, die wie ein Katzenklo rochen, und schließlich, als schon die Sonne aufging, betraten wir eine Bar, die in keinem Reiseführer stand. Es war die verkommenste von allen. Das Einzige, was für sie sprach, war die Tatsache, dass sie noch geöffnet hatte. John, der Nüchternste von uns, machte drei Schritte rein und vier schnelle Schritte wieder raus. Er stieg in den Mietwagen, verriegelte die Tür und legte sich auf den Rücksitz.

Bob, für den sich Sport auf die Herausforderung beschränkte, Bier von einem rauchgeschwängerten Raum in den anderen zu tragen, wurde am Arm gepackt und von einem Fleischkloß zweideutigen Geschlechts wie ein Frisbee auf die Tanzfläche geschleudert. Nach dem Tanz, der sich nur als Kreuzung aus Twist und griechisch-römischem Ringkampf beschreiben lässt, krächzte Bob: »Eine Tunte! Das war eine Tunte!«

»Und ihr wart ein wunderbares Paar, Bob.«

Ich glaube, das war das einzige Mal, dass er drauf und dran war, mich zu schlagen.

»Komm schon, wir müssen weg hier.«

»Was? Nicht noch ’ne Runde, Bobby?«

»Nenn mich bloß nicht Bobby!«

Bevor wir gingen, steckte er Cents im Wert von einem Dollar in die Musikbox. Für zehn Cent konnte er zehn Songs auswählen. Er wählte »Leaving on a Jet Plane« zehnmal hintereinander. Es war wahrscheinlich das erste und letzte Mal, dass dieses Lied als Waffe eingesetzt wurde.

DIE MEDIEN

»Willst du, dass ich diesmal das Reden übernehme?«

»Ich bin darin besser als du.«

»Nein, bist du nicht, Rance, du plapperst nur wie ein Wasserfall. Du hörst nie auf.«

»Du kritisierst immer.«

»Du hörst nie auf.«

»Ich hab dich nie gemocht, John.«

»Hörst nie auf.«

»Psst! Da kommt er.«

»Hallo, ich bin Rick Ranson.«

»Und ich bin John van Landeghem.«

»Hi, ich bin vom *New Orleans Times Picayune.* Ich möchte Ihnen für die Wochenendausgabe gern ein paar Fragen stellen und eine Aufnahme von Ihnen machen. Ich habe mir auf dem Weg hierher eine Frageliste notiert.«

»Schießen Sie los.«

»Also zum Auftakt: Warum haben Sie diese Reise unternommen?«

»Zum Teil als Beitrag für die Hundertjahrfeier unserer Provinz nächstes Jahr.«

»Erzähl ihm von Huckleberry Finn.«

»Schon gut, schon gut. John zieht mich damit immer auf. Es mag abgedroschen klingen, aber ich war wirklich von Huckleberry Finn fasziniert. Nicht so sehr vom Buch als von der Idee, den Mississippi runterzuschippern. Das Buch hat mich erst auf den Gedanken der Reise gebracht. Sie schien erschwinglich, und außerdem fließt der

Assiniboine, der hinter meinem Haus vorbeifließt, letztendlich in den Mississippi.«

»Da muss ich Rick beipflichten«, fügte John hinzu, »und was gibt es zudem Besseres als ein Abenteuer, bevor du mit dem Rest deines Lebens weitermachst. Und wie schwierig könnte es schon werden?«

»Ja, wie schwierig könnte es schon werden?«

»Ziemlich schwierig sogar.«

»Wissen Sie was? Ich wollte einfach nicht noch einen Abend im Billardclub herumhängen.«

»Wie viel Ausrüstung schleppen Sie mit sich?«

»Etwa hundertfünfzig Pfund in vier Rucksäcken. Wir haben alles bis aufs Küchenbüfett mitgenommen. Wir hatten ein Radio, ein Gewehr, zwölf Garnituren Wäsche, Töpfe, Pfannen und eine ganze Kiste mit Werbematerial vom Jubiläumskomitee.«

»Einiges von deren Zeug stellte sich als interne Aktennotizen heraus.«

»Notizpapier?«

»Ja, genau. Ich vermute, sie glaubten nicht, dass wir uns wirklich dazu aufraffen würden, also haben sie, als sie von unserer Abreise hörten, im Vorbeigehen noch alles eingepackt, was sie in die Hände kriegen konnten.«

»Möchten Sie eine Anstecknadel von Manitoba? Davon haben wir Millionen.«

»John, gib ihm eine ohne Rost.«

»Bitte schön. Tragen Sie die Nadel aber bloß nicht auf einem weißen Hemd.«

»Inzwischen aber haben wir nur noch einen Satz Wäsche zum Wechseln, Essen für eine Woche, ein Zelt, einen Kocher – das war's. Wir können in ein paar Minuten unser Lager aufschlagen oder abbauen.«

»Wo haben Sie gegessen? Im Kanu?«

»Nein, wir haben etwa alle zwei Stunden am Ufer angehalten. Es ist komisch, aber das fragen alle. Wir können innerhalb von Minuten am Ufer anlegen, den Kocher anwerfen und einen Kaffee aufbrühen. Wir haben dann Sandwiches gemacht und über den Fluss oder irgendwas anderes geredet.«

»Wir haben nicht so viel geredet.«

»Sie haben nicht geredet?«

»John meint eher, ich habe geredet, und er hörte zu.«

»Wer sagt, dass ich zugehört habe?«

»Erzählen Sie weiter.«

»Wenn es regnete, hielten wir unter einer Brücke an. Wenn es draußen schön war, versuchten wir eine landschaftlich schöne Stelle zu finden. Wir haben unser Mittagessen einmal sogar auf einer Sandbank mitten im Fluss eingenommen. Saßen da mit unseren Sandwiches und haben den vorbeifahrenden Booten zugewinkt. Wir haben wirklich alle paar Stunden eine Pause gebraucht. Paddeln ist langweilig, wissen Sie.«

»Wer hat gekocht?«

»John. Er kommt aus einer Bäckerfamilie. Er kocht gut. Ich hab es ein oder zwei Tage mal probiert. Mit geringem Erfolg. Also hab ich den Abwasch gemacht.«

»Wie weit sind Sie denn so pro Tag gepaddelt?«

»Wenn ich das bloß wüsste. Als uns schon mal jemand gefragt hat, haben wir einfach die Länge des Red River von Winnipeg bis Fargo genommen, sie durch die Tage geteilt, die wir brauchten, um dorthin zu kommen, und sind auf dreizehn, vierzehn Meilen pro Tag gekommen.«

»Der Red River. Das ist nicht der in Texas, oder?«

»Nein.«

»Hab ich mir gedacht. Auf dem Red River sind Sie flussaufwärts gepaddelt?«

»Ja. Wir paddelten südwärts gegen den Strom.«

»Rick will damit sagen, dass der Red nach Norden fließt und der Mississippi nach Süden, also sind wir ab dem Mississippi stromabwärts nach Süden gefahren.«

»Wer erzählt hier eigentlich – du oder ich?«

»Schnauze, Rance.«

»Sobald wir auf dem Mississippi waren, nördlich von Minneapolis, haben wir am Tag im Durchschnitt fünfundzwanzig bis dreißig Meilen geschafft, aber das haben wir anhand einer Straßenkarte berechnet. Südlich von Minneapolis gibt es Meilenschilder am Fluss, da fiel das Berechnen leichter. Südlich von St. Louis haben wir es auf durchschnittlich vierzig bis fünfzig Meilen gebracht.«

»Als wir in Mississippi waren, konnte ich einmal über die Ufer hinweg auf den Platz sehen, an dem wir in der Nacht vorher kampiert hatten. Auf dem Fluss waren wir zehn Meilen vorangekommen, aber Luftlinie war unser ehemaliger Schlafplatz nur einen kleinen Spaziergang entfernt. Der Mississippi ist so voller Biegungen, dass er sich beinahe genau so weit nach Osten und Westen erstreckt, wie er von Norden nach Süden reicht.«

»Gibt es irgendetwas, was Sie anders machen würden?«

»Das Boot ist viel zu klein. Wir haben die Größe des Flusses unterhalb von St. Louis unterschätzt. Wir waren dem Tode so oft nahe, dass wir die Vorfälle schließlich gar nicht mehr ins Tagebuch eingetragen haben. Sind fast von einem Kahn überfahren worden ...«

»Oder in einen Strudel gezogen.«

»Beinahe von einem Knallkopf umgenietet worden.«

»Oder über eine Staustufe gekippt.«

»Beinahe erschossen worden.«

»Erschossen?«

»Es waren nur Schießübungen! Mensch, John, krieg dich wieder ein!«

»Wir hatten so viele Zwischenfälle, dass es schon langweilig war. Na ja, nicht langweilig, das war es nie, aber Zwischenfälle waren die Regel. Wir waren wie ein Blatt in einem Gully. Ein Fünfmeterkanu ist viel zu klein für den Mississippi südlich von St. Louis.«

»Und die Schüsse?«

»Ja, und ich würde mit der Reise lieber in Bemidji beginnen. Der Red River ist fad. Südlich von Winnipeg ist er schlammig, seicht und in dieser Jahreszeit voller Äste.«

»Erzählen Sie mir von den Schüssen.«

»Jemand hat mir eine Waffe geliehen. Ich habe ein paar Schießübungen gemacht. John übertreibt.«

»Okay. Wie werden Sie wieder nach Kanada kommen? Werden Sie zurückpaddeln?«

»Wissen Sie, diese Frage stellen viele Leute.«

»Das hast du bereits gesagt, Rance.«

»Was?«

»›Diese Frage stellen viele Leute.‹ Das hast du bereits gesagt.«

»Ach so. Wie ich gerade sagen wollte, John hat meine Hälfte des Boots gekauft und wird es per Lkw nach Kanada verfrachten. Wir werden nach Winnipeg fliegen.«

»Wir paddeln etwa fünf Meilen pro Stunde, die Flussströmung beträgt mehr als vier. Das bedeutet, dass wir in zehn Stunden höchstens zehn Meilen schaffen würden. Bei dem Tempo brauchen wir allein zwei Tage, um aus New Orleans herauszukommen. Nach Norden paddeln steht außer Frage. Leute haben das zwar schon gemacht, aber nicht in diesem Jahrhundert.«

»Würden Sie die Reise noch einmal machen?«

»Nein, wozu denn?«

»Wie sind Sie miteinander ausgekommen?«

»Gut ...«

»Gut ...«

»Verstehe.«

»Wenn Sie bedenken, dass wir in den letzten drei Monaten auf einer Fläche kaum größer als eine Telefonzelle zusammengepfercht waren, sind wir ziemlich gut ausgekommen. Wir haben gemeinsam gegessen, geschlafen, gewaschen, gepaddelt, sind gemeinsam interviewt worden ... na ja ... also gut ... es war die Hölle.«

»Was war das Schlimmste an der Reise?«

»Genau das. In den letzten zwei Monaten hatten wir echt richtige Anfälle von Seekoller.«

»Was war das Beste an der Reise?«

»Die Menschen.«

»Ja genau, wir reden vom Fluss, aber es sind die Menschen, die wir unterwegs kennengelernt haben, die die Reise wirklich bereichert haben. Die lustigen, seltsamen, rührenden Geschichten, die wir gehört haben. Menschen sind einfach besonders gut im Menschsein.«

»Ja, Menschen sind überall auf der Welt gleich.«

»Ich danke Ihnen. Das sind alle Fragen, die ich mir aufgeschrieben habe. Ich werde noch ein paar Aufnahmen von Ihnen in Ihrem Kanu machen. Achten Sie auf den Artikel in der Wochenendbeilage. Vielen Dank nochmals.«

»Also, das war echt klasse. Da siehst du, wie gut es läuft, wenn du mich reden lässt.«

»Eines musst du aber noch klarstellen. Waren wir zwei oder drei Monate weg?«

»Es fühlt sich an wie zehn verdammte Jahre. Warum musst du dauern kritisieren?«

»Du übertreibst ständig.«

»Das tu ich nicht.«

»Doch, tust du!«

»Nicht.«

»Doch.«

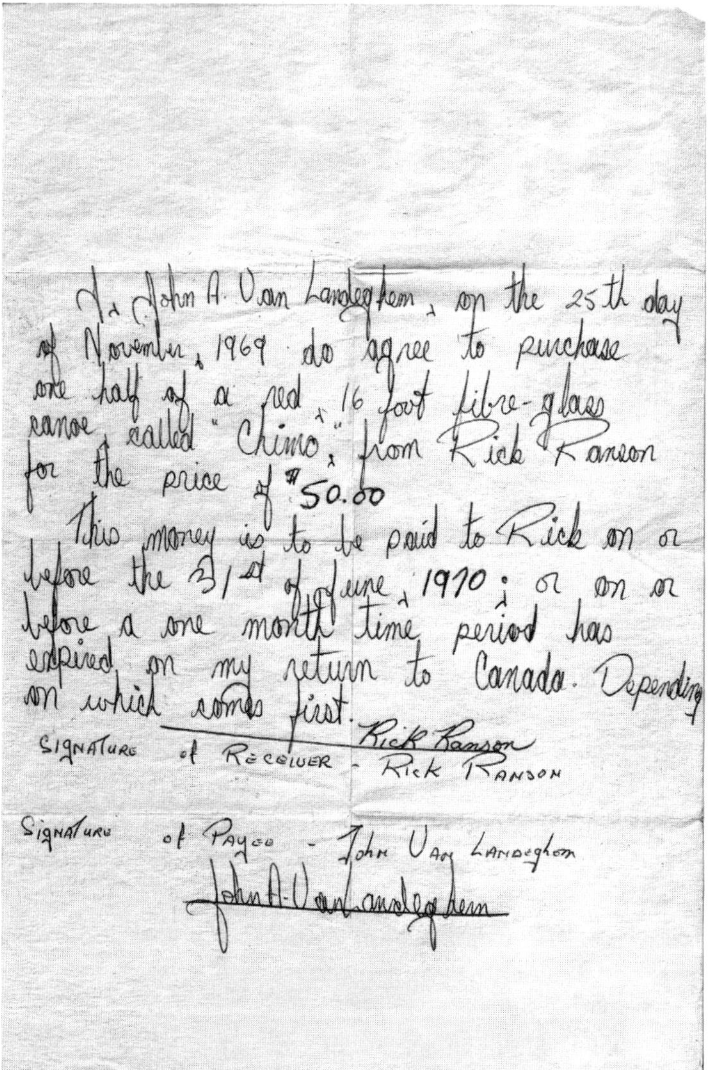

I, John A. Van Landeghem, on the 25th day of November, 1969 do agree to purchase one half of a red, 16 foot fibre-glass canoe, called "Chimo", from Rick Ranson for the price of $50.00

This money is to be paid to Rick on or before the 31st of June, 1970; or on or before a one month time period has expired on my return to Canada. Depending on which comes first.

Rick Ranson

SIGNATURE of RECEIVER - Rick Ranson

SIGNATURE of PAYEE - John Van Landeghem

John A. Van Landeghem

In Winnipeg gab es dieses süße Mädchen. Ich trug ihr Mississippigetränktes Bild den ganzen Weg bis New Orleans bei mir. Dann war da Rocky – Roxanne aus Minnesota, die so erstklassig flirten konnte, dass jeder von uns überzeugt war, er sei gemeint. In Cape Girardeau gab es eine holde Maid, die wollte, dass einer von uns diese blödsinnige Reise beendete und zu ihr zog – ein Treffen mit ihren Eltern ließe sich problemlos arrangieren. Ich glaube, es war ihr gleichgültig, ob John oder ich, ihr war jeder recht, solange er einen Puls hatte. Und schließlich tauchte ganz am Ende der Reise Honey auf.

»Wo bekomme ich ein gutes, saftiges Steak, José?«

José, der nur aus Haut und Knochen bestand, lümmelte auf seinem schmierigen, alten Eichenstuhl. Er balancierte seinen Steiß auf einem Filzpolster, das an der Rückenlehne befestigt war. Er trug einen dünnen, schwarzen Schnurrbart, ein Zugeständnis an seine spanische Abstammung. Die makellos saubere Esso-Uniform, die Zeugnis von der Tüchtigkeit seiner Ehefrau ablegte, hob sich glatt von den Fältchen in seinem sonnenverbrannten Nacken ab. Er hatte die Hände in den Schoß gelegt und zuckte mit dem Kopf wie ein beduselter Tennisfan vom Boulevard zum Kanal und wieder zurück. Er hielt in seiner Ausschau nach Kundschaft lange genug inne, um eine Falte in seinem Hosenbein glatt zu streichen.

»Na ja, da gibt's den Man... Mand... Mandaleum Palace, Mist, ich weiß nicht, wie er richtig heißt. Weißt du, der Chinese dort unten, aber den haben sie ein paarmal dichtgemacht.«

»Warum das?«

»Küchenschaben. Die Leute vergessen, dass der ganze Ort auf Sumpfland erbaut wurde. Wenn du sie nicht bekämpfst, hast du Kakerlaken in der Küche.«

»Ein chinesisches Steak. Ich weiß nicht recht. Was ist mit dem Schuppen da drüben?«

»Dort solltest du nicht hingehen«, warnte er mich. »Geh da nicht rein.«

Josés Tankstelle lag am Ende eines langen Boulevards, der von der Innenstadt von New Orleans zum Lake Pontchartrain führte. Auf der Boulevardseite wurden Autos betankt, auf der Kanalseite wurden an seinem Kai Jachten mit Sprit versorgt. Auf der Autoseite ging es hektisch zu, weil die Fahrer schnell wieder zur Arbeit wollten. Bei den Jachten lief das Auftanken gemächlich ab, bevor sie über den See und dann den Golf von Mexiko entlang nach Mobile, Alabama, Fort Meyers, Florida, oder sogar bis zu den Florida Keys schipperten.

Die Straße war gesäumt von Bootsliegeplätzen und öden Bars, die vom Verkehr entlang dem Kanal lebten. Die verblassten Gebäude und ihre noch blasseren Neonschilder wurden spärlicher, je näher man dem See kam. In der Mitte des Straßenblocks, von zwei Liegeplätzen flankiert, befand sich ein einzelnes, niederes Gebäude. Es stand allein wie der letzte Pflock eines Zauns nach einem Hurrikan. Von Josés Garage aus gesehen, konnte es sowohl rot als auch schwarz sein. Was auch seine ursprüngliche Farbe gewesen war, jetzt versuchte das Gebäude jedenfalls, den anderen Farbton anzunehmen. In einer Stadt voller verzierter Bauwerke sah dieses Haus wie ein umgetretener Grabstein aus.

»Die haben ein Schild, da steht ›Steak Dinner‹.«

»Das ist nur für Mitglieder.«

»Es ist ein Klub?«

»So könnte man es nennen.« José feixte, als die Klingel schrillte und der nächste Kunde bedient werden wollte.

Am nächsten Tag ging ich an dem Gebäude vorbei und spähte verstohlen durch die getönten Scheiben. Hin und wieder fuhr eine große, schwarze Limousine vor, und Männer stiegen aus. Die Klubmitglieder trafen sich zum Steakessen. Manchmal blieben sie noch eine Weile stehen und unterhielten sich auf dem Bürgersteig. Genauso wie wir Jugendlichen es vor dem Billardsalon daheim machten.

Ich sah sie das erste Mal an einem Spätnachmittag, als alle anderen Geschäfte schon geschlossen hatten. Sie stand plötzlich vor dem alten Gebäude, ihre Haare wippten, als sie über den Boulevard zur Tankstelle schritt. Eine Wagenladung voller Kinder kam zur Zapfsäule und verstellte mir den Blick. Ich reckte den Hals und starrte sie an. Von Nahem besehen, war sie nicht so jung, wie ich gedacht hatte, aber sie war auch nicht zu alt.

»Das ist Honey«, sagte José, der aufstand und sich neben mich stellte.

»Wie passend.«

»Bloß einer der Vorzüge, in dieser Gegend zu arbeiten.«

»Vorzüge«, seufzte ich. Es entstand eine lange Pause, als wir beide dieser vollkommenen Frau nachsahen, wie sie den Boulevard hinunterschritt und sich immer mehr von uns entfernte.

»Schöne Vorzüge.« Wieder eine lange Pause.

»Pass bloß auf, José. Du starrst der Frau nach, die ich liebe.«

»Letzte Woche kam sie in ihrem kleinen, gelben Käfer angefahren und hat dieses Wort gesagt, das ich am meisten liebe.«

»Und das wäre?«

»Vollmachen.«

»Also, José, wie kann ich sie kennenlernen?«

José schoss mir einen stechenden Blick zu, abrupt ernst geworden.

»Gar nicht. Wie gesagt, und das war mein Ernst, du solltest dort nicht hingehen.«

Während der nächsten drei Tage beobachtete ich den Straßenblock und achtete genau darauf, zum Zeitpunkt von Honeys Feierabend bei Josés Tankstelle zu sein. Jeden Nachmittag ging sie im verblassenden Licht über den Boulevard zu ihrem kleinen, gelben Auto. Sie trug immer etwas Sommerliches, hob sich immer leuchtend vor dem verschlafenen Dunkelrot des Winters in New Orleans ab. Am zweiten Tag musterte sie mich im Vorbeigehen kühl von Kopf bis Fuß. Am vierten Tag marschierte ich direkt in das alte Gebäude, ohne einen Gedanken an Josés Warnung zu verschwenden.

Mein Spiegelbild waberte über die Fensterscheiben, und eine Glocke ertönte, als die Tür sich hinter mir schloss.

Das Restaurant war spartanisch eingerichtet – wenige wahllos im Raum verteilte Tische und vier ungemütliche Wandnischen. Das getönte Fenster hatte einen diagonalen Sprung in der Ecke, wo die Farbe verblasst war. Die Helligkeit der Straße draußen war ein Schock.

Honey wischte die Bar mit einem großen, weißen Geschirrtuch ab. Ich fläzte mich auf einen Hocker und versuchte, nonchalant zu wirken.

»Auf dem Schild draußen steht ›Steak Dinner‹.«

Es war ihr anzusehen, dass sie Sport trieb. Ihr Körper war durchtrainiert. An ihren gebräunten Armen und Beinen zeichneten sich die Muskeln ab.

»Bist du Balletttänzerin?«

Sie zuckte mit den Schultern. »Hab's versucht.« Sie warf mir einen verwunderten Blick zu.

»Deine Art zu gehen. Ein Bekannte von mir war Balletttänzerin.«

Es war nicht abwegig, sich Honey immer noch als Tänzerin vorzustellen, aber ich hätte wetten können, dass sie nun an einer Stange tanzte.

Sie wollte gerade etwas sagen, doch stattdessen wanderte ihr Blick rasch zu meiner Rechten, dann zu meiner Linken. Ich wandte mich um. Rechts von mir saß ein Riese. Er hatte schwarzes Haar, einen schwarzen Anzug, eine schwarze Krawatte, schwarze Schuhe und schwarze Haut. Links von mir hatte der größte Dorftrottel Platz genommen, den ich je gesehen hatte. Im Stehen hätte ich den beiden direkt auf die Brustwarzen geblickt. Mein Kopf schwang von einer Seite zur anderen. Ich sagte das Erste, was mir in den Sinn kam.

»Guten Tag.«

»Tag.«

»Tag. Wo kommste her?«

»Aus Kanada, ich wohne derzeit auf einem Boot im Jachthafen.«

»Deins?«

»Nein. Ich bin mit dem Kanu hergekommen.«

»Du bist den Mississippi mit einer Piroge runtergefahren?«

»Kanu.«

»Piroge.«

»Was ist eine Piroge?«

»Ein Kanu.«

Ich holte den Zeitungsausschnitt heraus, den ich mitgebracht hatte, um bei Honey Eindruck zu schinden. Ich dachte, er könnte mich jetzt vielleicht vor einer unmittelbar bevorstehenden Prügelei bewahren. Honey hatte übrigens, sobald die beiden Mastodonten aufkreuzten, die Bar mit flatterndem Geschirrtuch hastig verlassen.

Das dunkel gekleidete menschliche Bergmassiv nahm den Ausschnitt und las ihn langsam. Dann lächelte er. Ich wünsche, er hätte es nicht getan.

»Geh nicht weg. Ich bin gleich wieder da.«

Ich sah auf Dorftrottel, der immer noch neben mir saß – er lächelte. Ich wünsche, er hätte es nicht getan.

»Ich habe dein Kanu gesehen, an der Tankstelle.«

Gott sei Dank hatte ich meine Bootshälfte gerade an John verkauft. Tut mir leid, John.

»Das is so was wie 'n Privatklub«, sagte Dorftrottel mit verschwörerischer Stimme.

»Oh, Entschuldigung, das hab ich nicht gewusst«, log ich. Ich wandte mich zum Gehen.

Dorftrottel legte mir die Hand auf den Arm. Sie war schwer.

»Is okay. Is okay. Sieht aus, als ob der Chef mit dir reden will.«

Wir wurden in einen abgeschirmten Bereich gewinkt. Vier Männer saßen an einem großen, runden Tisch beim Kartenspiel. Drei davon trugen schwarze Anzüge, der Vierte hatte ein graues Polohemd an. Das Hemd musste aus einem Zirkuszelt geschneidert worden sein, denn der Mann, den es bedeckte, wog gut und gern dreihundert Pfund. Ich hatte es nicht für möglich gehalten, aber neben ihm wirkten die beiden anderen Kerle klein. Er stellte sich als Chef vor und streckte die Hand aus. Ich sah zu, wie meine in einem Brotlaib mit Fingern verschwand.

»Bist du das?« Er deutete auf den Ausschnitt.

»Ja. Ich und mein Partner sind von Winnipeg in Kanada hierhergepaddelt. Hat drei Monate gedauert.«

»Setz dich. Setz dich her. Honey!« Die Abschirmung wackelte. »Bring dem jungen Mann was zu trinken!«

»Danke. Ich war auf der Suche nach einem Steak, und auf Ihrem Schild steht ...«

»Honey! Servier ihm, was immer er will.«

»Also«, er stieß an das Bier, das Honey vor mich hingestellt hatte, »erzähl uns ein paar Lügenmärchen.«

Ich hatte seit etwa drei Monaten auf Abwandlungen dieser Aufforderung geantwortet, dieser Teil stellte also kein Problem dar. Sobald du die Zuhörer zum Lachen bringst, bist du im Spiel. Also begann ich mit ein paar schnellen Geschichten, um alle anzuheizen. Es dauerte nicht lang, da lächelten und lachten alle. Honey stellte ein Steak vor mich hin, und ich aß während des Redens. Ich erzählte ihnen vom Nebel, von der Staustufe, von den Schleppverbänden, den Schiffen, dem Zelten und den endlosen Beinahezusammenstößen. Ein oder zwei veränderten ihren Gesichtsausdruck immer dann, wenn ich es tat, daher wusste ich, dass sie mir an den Lippen hingen. Der Chef, nun, der lächelte halb. Er stellte Fragen, während die anderen dasaßen. Wo lebte ich? Kanadier? Welchen Beruf hatte mein Vater? Brüder? Was machten die? Er war echt interessiert.

Allmählich ging mir die Puste aus. Der Chef saß da und sah mich die ganze Zeit halb lächelnd an. Das ging mir allmählich auf die Nerven. Als ich mit dem Essen fertig war, begleitete er mich zum Ausgang. Für ein Schwergewicht hatte er einen leichten Schritt. Er tänzelte wie ein Boxer. Honey kam mit der Rechnung, aber er schnappte sie sich und steckte sie in die Hosentasche. Seine riesige Pranke umklammerte meine Finger noch einmal, dann lächelte er mich zur Tür hinaus. Ich hatte überhaupt nicht bemerkt, wie das Steak schmeckte.

Am nächsten Abend saßen José und ich auf unseren üblichen Plätzen. Er behielt das Geschäft im Auge, und ich beobachtete die vorbeiziehenden Boote. Ich drehte mich um und sah Honey auf uns zukommen, die sinkende Sonne im Rücken. Sie ging an José vorbei und blieb vor meinen blinzelnden Augen stehen.

»Ich fahre in die Stadt, möchtest du mitkommen?«

Ich saß verdattert da. José saß verdattert da. Honey ließ den Blick zwischen uns hin- und herwandern, den Kopf leicht geneigt.

»Also?«

»Gern«, krächzte ich.

»Na, dann komm.« Sie schritt flott auf ihr Auto zu.

Ich sah José mit großen Augen an und folgte dann gehorsam diesen schwingenden Hüften zur Tür hinaus.

Honey fuhr ihren Käfer mit offenen Fenstern und im Wind flatternden Haaren. Sie schwieg. Die meisten Unterhaltungen gleichen

Tennisspielen – du redest, sie spricht, du redest, sie spricht, hin und her, hin und her. Es sei denn, du fängst das Reden an, und sie sagt kein Wort. Also versuchte ich die Leere mit Geräusch zu füllen. Ich quasselte drauflos, sie nickte bloß. Ich stellte mir vor, dass sie sich wahrscheinlich fragte, was sie im Fernsehen versäumte. So gestaltete sich die erste Stunde meiner Verabredung mit Honey.

Wir aßen eine Kleinigkeit in einem Restaurant, das aus der Zeit stammt, in der die ungehobelten Siedler flussaufwärts noch *les Amériques* genannt wurden. Die handgeschmiedeten Balkongeländer waren älter als Kanada. Nach der Herkunft der restlichen Kundschaft zu urteilen, war diese nicht nur verstimmt, dass die Nordstaaten den Krieg gewonnen hatten, sondern immer noch stocksauer, weil Napoleon sie mit dem Verkauf Louisianas den Yankees ausgeliefert hatte.

Ein tattriger alter Herr, der Honey bedächtig zunickte, handelte sich einen scharfen Verweis von seiner gleichfalls klapprigen Gemahlin ein. Honey warf den Kopf zurück und blies dem Ehepaar Zigarettenrauch entgegen. Sie lächelte das erste Mal an diesem Abend. Es war eigentlich eher ein spöttisches Grinsen. Irgendetwas stimmte hier nicht.

Sie zog an ihrer Zigarette und sah mir beim Essen zu. »Fertig? Machen wir einen Spaziergang.«

Ich griff nach der Rechnung, aber ihre Hand war schneller.

»Ist schon beglichen.«

Wir gingen die Royal Street entlang und betrachteten die Gebäude, überquerten die Straße, um einen besseren Blick zu haben. Plötzlich kam Leben in Honey. Sie sprach mit solcher Leidenschaft von den Menschen, die einst hier gelebt hatten, dass sie wieder lebendig wurden. Ein geschlagener General der Südstaaten fristete ein kümmerliches Dasein in diesem Gebäude. Kriegsgewinnler aus den Nordstaaten weideten sich an seiner Demütigung. Als sie

Frankreich besuchte, wurde die Ehefrau dieses Hausbesitzers von Napoleon wegen ihrer kastanienbraunen Haare angesprochen. Er wollte daraus eine Perücke für den Harem des türkischen Sultans machen lassen. Ein Weinhändler erbaute das Gebäude dort drüben, ging pleite und lebte für den Rest seines erbärmlichen Lebens in drückender Armut, während sein Haus in die Hände anderer überging. Sie sprach von ihnen, als wären es ihre Verwandten. Sie lebte in einem Bühnenstück ihrer eigenen Vorstellungskraft, umgeben von schattenhaften Stichwortgebern, die im *French Quarter* herumgeisterten. Die Vergangenheit der Toten zu durchleben schien das Einzige zu sein, woran sie Interesse hatte, abgesehen vom pausenlosen Zigarettenrauchen. Ich machte mich schon mit dem Gedanken vertraut, dass sie nicht alle Paddel in ihrer Piroge hatte.

Wir schlenderten durch die Bourbon Street und tauchten in die Lichter dieser Zirkusmeile. Honey zog sich in sich selbst zurück. Sie hatte es eilig, ihre hohen Absätze klapperten auf dem Pflaster. In ihr steckte eine gewisse Härte, die Behandlung des alten Ehepaares hatte das gezeigt. Doch wenn sie in das vergangene Leben anderer flüchtete, strahlte sie einen verletzlichen Charme aus.

»Hast du mal ›Vom Winde verweht‹ gesehen?«, fragte ich in einer plötzlichen Eingebung. Es war, als hätte ich einen Eimer Benzin in ein Feuer gegossen.

Sie sprudelte los, plapperte endlos von Scarlett O'Hara und Rhett Butler und dem armen Ashley und Tara – dem bezaubernden, roterdigen Tara. Sie war unerschöpflich, sie blühte auf, sie hielt meine Hand. Ich hatte richtig gelegen, Honey hatte ihn gesehen, zwanzigmal sogar. Und Honey hatte eine totale Meise.

Wir zogen durch mehrere Gassen, während sie sich über Margaret Mitchell und alle ihre Figuren ausließ. Sie kannte sie alle und nannte sie bei ihren Vornamen. Wir landeten in einer Nebenstraße. In einer Backsteinmauer befand sich eine Reihe von Türen. Keine Gärten, keine Zäune, nur Türen und eine einsame Lampe am Ende der Straße. Honey sperrte die Tür zu ihrer kargen Zweizimmerwohnung auf und ließ mich ein, dabei redete sie unausgesetzt.

Im Flur wandte ich mich um, da schlang Honey die Arme um mich. Ihr weicher, offener Mund presste sich auf meinen.

Von draußen drang der feuchte Geruch von Sprühregen auf Teer herein. Honeys Atem roch nach Zichorienkaffee. In der Luft lag noch das Aroma von würzigem Jambalaya, und der Duft süßer Olivenbäume vermischte sich mit den Gerüchen der Bäckerei am Ende der Gasse. Ihre Augen flatterten, und ihr Gesicht verzog sich. Honey war ein echtes Kind von New Orleans, lebte in Erinnerungen, verströmte einen schweißigen Tiergeruch und war mehr als nur ein bisschen verrückt.

Sie fuhr mich zurück zum Jachthafen, die ganze Strecke quer durch die Stadt vom Mississippi bis zum Lake Pontchartrain, ohne ein Wort von sich zu geben. Noch ehe ich ganz aus ihrem kleinen, gelben Auto geklettert war, fuhr sie wieder an.

»Ich möchte nicht, dass ihr hier herumhängt«, sagte José.

»Was hab ich getan?«

»Geh einfach. Wenn du schlau bist, dann mach dich auf die Socken.«

José verriegelte die Werkstatttür. Hinter ihm, im Schatten des Bürogebäudes, standen seine Angestellten, meine ehemaligen Bekannten, mit ausdruckslosen Mienen.

»Schau, ich weiß nicht, wie es oben in Kanada ist, aber hier sprechen wir nicht mit solchen Leuten.«

»Mensch, tut mir leid.«

»Entschuldigungen kommen immer zu spät.« Er schaute nach rechts, dann nach links, dann wieder auf mich.

»Ich hab das schon erlebt. Jetzt werden sie dich um den Gefallen bitten, einen Brief oder irgendetwas anderes zuzustellen. Du weißt, du kannst ihnen nichts abschlagen. Wenn du Glück hast, wirst du Drogenkurier, wenn nicht, bist du der Lockvogel, der den Bullen zum Fraß vorgeworfen wird. Die werden mit deiner Verhaftung beschäftigt sein, während der echte Drogenkurier freie Fahrt hat. In Louisiana gibt es dreißig Jahre für den bloßen Besitz, dreißig ... verdammte ... Jahre.«

»Was soll ich machen?«

»Lass dich hier nicht mehr blicken.« José spähte auf die Straße. Er hatte Angst, mit mir gesehen zu werden. Dann schob er sein Gesicht nah an meines heran. »Geh heim.«

Am nächsten Tag saßen John und ich im Flugzeug nach Winnipeg.

ZURÜCK

Dampf steigt von meinen Schultern auf, als ich vom Jet zum Terminal gehe. Die bittere Kälte beißt mir ins Gesicht. Ich hätte im Flugzeug wohl nicht meine Jacke tragen sollen. Jeder einzelne Tropfen Schweiß gefriert am Rückgrat. Winter in Winnipeg.

Flugzeuge, piepsende Maschinen, fahrbare Treppen ins Nichts, Gepäckwagen – und Menschen. Hunderte nur als Silhouetten erkennbare Menschen, die alle auf dem Aussichtsdeck des Flughafens stehen und deren Atem wie Dampf aus unzähligen Töpfen aufsteigt. Jubel wird kurzfristig von Düsentriebwerken übertönt, welche die eiskalte Luft durchschneiden. John winkt, ein Dutzend Hände gehen hoch. Ich erkenne ein paar Leute und winke.

In der Empfangshalle stehen die Menschen dicht an dicht. Meine Eltern und Brüder sind da, Johns Eltern auch. Die Zeitungen sind da. Wir brabbeln den Reportern Unverständliches zu. Blitzlichter grellen auf. Wir werfen uns mit unseren Rucksäcken in Pose. Unsere

Eltern umarmen und küssen uns. Der Bürgermeister schüttelt uns die Hand. Ich umarme meine Mutter und vergieße ein paar Tränen auf ihre parfümierte Schulter, während Leute mir auf die Schulter klopfen.

Nach der anfänglichen Euphorie verharrt die Menge noch eine Weile, dann zerstreut sie sich. Das Lächeln zergeht zu einem erkennenden Nicken. Freunde gehen weg, und ich steige in das Auto meiner Eltern und kehre heim.

John und ich würdigen uns keines Blickes mehr.

In den zwei Jahren nach der Reise redeten John und ich kein Wort miteinander. Wir erwähnten einander nie, unternahmen nie einen Versuch, uns zu treffen. In dem Jahr, als ich heiratete, stießen John und ich im Avenue Restaurant aufeinander, einer Kneipe aus unseren Highschool-Tagen. Zum ersten Mal seit New Orleans setzten wir uns wieder gemeinsam zum Essen hin. Ich sah ihm beim Verzehren seines Sandwiches zu, was mir ein Lächeln entlockte.

»Erzählt uns doch was von der Reise«, sagte Bev, die Besitzerin. Bev duldete keinen Widerspruch. In ihrem kleinen Café war sie die Königin. Sie hatte einmal dem Vizedirektor der Schule, der auf der Suche nach Schulschwänzern war, befohlen, das Restaurant zu verlassen, falls er nichts bestellen wollte. Mittlerweile hockte meist ein Dutzend Schüler in ihrer Küche. Was Bev wollte, bekam sie auch.

Zunächst noch zögernd, dann mit immer größerer Begeisterung unterhielten wir Bev. Schließlich hing eine ganz Schar an unseren Lippen. Wir konnten gar nicht mehr aufhören, von der Reise zu erzählen.

Ich war Trauzeuge bei Johns Hochzeit. Auch wenn wir tausend Meilen auseinander wohnen, sprechen wir regelmäßig miteinander. Während ich diese Episoden niederschrieb, schickte ich jedes fertige Kapitel per E-Mail mit der Bitte um Kommentare und Vorschläge an ihn.

»Rance, du hast es einfach mit den Wörtern«, schrieb er einmal zurück.

Manches ändert sich nie.

John und ich nach unserer Rückkehr am Flughafen von Winnipeg. Man beachte besonders Johns vom Mississippi durchtränkte Tasche.

Die Erkundung der Welt

Dieter Kreutzkamp
YUKON RIVER
Im Kajak allein zum Beringmeer

Yukon River – der Name weckt Erinnerungen an den Goldrausch und die Romane von Jack London. Über 3000 Kilometer legt der Abenteurer mit dem Kajak auf diesem reißenden Strom zurück.

Carmen Rohrbach
IM REICH DER KÖNIGIN VON SABA
Auf Karawanenwegen im Jemen

Nach Erfahrungen auf allen Kontinenten beschließt Carmen Rohrbach, sich den großen Traum ihrer Kindheit zu erfüllen: Allein durch den geheimnisvollen Jemen, mit viel Intuition und wachem Blick.

Fergus Fleming /Annabel Merullo
LEGENDÄRE EXPEDITIONEN
50 Originalberichte

Die großen Entdecker der Geschichte in Originalberichten und -illustrationen: eine buntgemischte Gruppe aus Forschern, Seefahrern, Wanderern und Abenteurern, die Außerordentliches leisteten.

MALIK NATIONAL GEOGRAPHIC

10/1004/01/3s

In der Stille der Wildnis

Konrad Gallei/Gaby Hermsdorf

BLOCKHAUS-LEBEN

Fünf Jahre in der Wildnis von Kanada

Mitten in der Wildnis Kanadas baut Konrad Gallei mit Freunden ein Blockhaus. Doch trotz sorgfältiger Planung fordert bald Unvorhergesehenes alle Phantasie und Kreativität.

Chris Czajkowski

BLOCKHAUS AM SINGENDEN FLUSS

Eine Frau allein in der Wildnis Kanadas

Unerschrocken macht sich die Abenteurerin Chris Czajkowski auf und zimmert sich – ohne besondere Vorkenntnisse – ihr Traumhaus inmitten der Schönheit unberührter Natur.

Dieter Kreutzkamp

HUSKY-TRAIL

Mit Schlittenhunden durch Alaska

Zwei Winter lebt Dieter Kreutzkamp mit Familie in Blockhäusern am Tanana- und Yukon-River. Höhepunkt seines inspirierenden Ausstiegs auf Zeit: das berühmte Iditarod-Rennen.

MALIK NATIONAL GEOGRAPHIC

10/1006/01/3s